堕ちてゆくのか。人はなぜ

宏洋《ひろし》問題の真相を語る

大川隆法

Ryuho Okawa

JN087776

まえがき

キリスト教には堕天使《だてんし》ルシフェルの話がある。

神に嫉妬《しっと》してレボリューションを起こし、ふたごの兄弟《きょうだい》大天使ミカエルに頭を割られて、地獄に堕ちていく悪竜として描かれている。地獄界の№1である。

古い神話として伝わっていても、現代におきかえるとどうなるか。本書はそれを雄弁《ゆうべん》に語っている。

宏洋《ひろし》があこがれるような青少年期を過ごして、回心して幸福の科学に入信した与《よ》国氏《くに》との話は、おそらくわかりやすかろう。

悪魔に弟子入りして幸福になれるかどうか、その身で実験してみたらよかろう。

人類の反面教師として、少しはお役に立つかもしれない。
「足《た》るを知る」は、自分自身の顔に刻むべき言葉である。

二〇二〇年　三月十六日

幸福《こうふく》の科学《かがく》グループ創始者兼総裁《そうししゃけんそうさい》

大川隆法《おおかわりゅうほう》

人はなぜ堕ちてゆくのか。　目次

第1章　人はなぜ堕《お》ちてゆくのか。

二〇二〇年三月十日　収録
東京都・幸福の科学総合本部にて

序　宏洋《ひろし》問題について　17

3　宏洋氏の〝女々《めめ》しい〟傾向性《けいこう》　57

4　宗教の世界の難しさ　76

7

第2章　佐《さ》藤《とう》順《じゅん》太《た》の霊言

二〇二〇年三月十日　収録

幸福の科学　特別説法堂《せっぽうどう》にて

第1章

人はなぜ堕《お》ちてゆくのか。

二〇二〇年三月十日　収録
東京都・幸福の科学総合本部にて

司会

喜島克明《きじまかつあき》（幸福の科学常務理事〔広報・マーケティング企画《きかく》担当〕）

聞き手

与国秀行《よくにひでゆき》（幸福の科学広報局部長）

［役職は収録時点のもの］

序　宏洋《ひろし》問題について

聞き手・与国秀行氏は「伝説の不良」と呼ばれた人物

司会　それでは、始めさせていただきます。どうぞ、よろしくお願いいたします。

与国　はい。お願いいたします。

大川隆法　まあ、話せば、あなたが一人で一時間ぐらいしゃべってしまうのではないですか。豊富な体験から。

与国　いえいえいえ（笑）。

大川隆法　ご紹介《しょうかい》が足りないといけないのかな。

司会　では、初めに、聞き手の与国秀行氏に関しまして、私のほうから少し紹介をさせていただきます。

現在四十三歳《さい》。若いときには、「伝説の不良」というように言われ……。

大川隆法　（笑）

司会　関東では右に出るものがないというほど、喧嘩《けんか》が強かったとのことです。ただし、「汚《きたな》いことは一切《いっさい》しない。素手《すで》での勝負」ということで、東京各地の近隣《きんりん》のグループの長《ちょう》を次々と倒《たお》していき、「関東最強」とまで言われた方でありました。しかし、「このままでよいのか」と葛藤《かっとう》を抱《かか》えていたなかで、二十四歳のときに幸福の科学に出会い、そこから信仰《しんこう》に目覚めます。在家《ざいけ》信者のときには、格闘家《かくとうか》として総合格闘技の試合にも出ていました。

その後、三十三歳で出家《しゅっけ》、現在では幸福の科学広報局部長として、「宏洋《ひろし》氏に物申すシリーズ」というかたちで、当会から宏洋氏への反論動画を三十三本までインターネット上で発表しているところです。

幸福の科学を破門《はもん》（懲戒免職《ちょうかいめんしょく》）されたあとの宏洋氏の動向

司会　また、それと関連して、現在の宏洋氏の動向についても少し紹介をさせていただきたいと思います。

三月十日に宏洋氏が『幸福の科学との訣別《けつべつ》』という名の本を文藝春秋社《ぶんげいしゅんじゅう》から出すことになりました。

そのようなこともあり、幸福の科学としては、一年前に「週刊文春」が、宏洋氏と千眼美子《せんげんよしこ》（清水富美加《しみずふみか》）さんとの結婚《けっこん》強制というものがあったという捏造《ねつぞう》記事を出したことに対し、文藝春秋社と宏洋氏への訴訟《そしょう》を提起しています。

最近の宏洋氏がどういうことをしているかといいますと、第一点としては、「グレー・ゾーン」という映画の製作中で、現在、撮影《さつえい》は終了《しゅうりょう》し、編集の段階に入っているということです。ただ、公開のための資金が足りないようで、動画上では、五千六百万円までは自分の資金から用意したと言っていますが、ほかにもクラウドファンディングで募《つの》ったり、「令和の虎《とら》」というネット番組に出てお金を集めようとして失敗したりしています。なお、クラウドファンディングでは五百万円を集めようとしたものの、二百万円程度しか集まらなかったようです。

最近の宏洋氏がしていることの第二点として、去年の暮れ、「Bar《バー》三代目」という店を赤坂《あかさか》にオープンしています。そのなかで、幸福の科学に対するさまざまな誹《ひ》謗中傷《ぼうちゅうしょう》の動画撮影も行《おこな》っています。

特に、ネットで炎上《えんじょう》したものとして、幸福の科学の根本経典《こんぽんきょうてん》である『正心法語《しょうしんほうご》』をめんこのように地面に叩《たた》きつけることをしています。バーのお客さんと一緒《いっしょ》になって、『正心法語』と障害者手帳を交互《こうご》に床《ゆか》に打ちつける動画を上げていますが、さすがにそれはないだろうといった批判が殺到《さっとう》しました。しかし、宏洋氏はそれに対し、「障害者手帳を床に叩きつけたのは自分じゃない」「いろいろな批判が来ているけど、知らねえよ」などという感じで開き直り、さらに批判が集まっているような状況《じょうきょう》です。

また、宏洋氏は、「ヘンリー・リー・ルーカスにまつわる…」という舞台《ぶたい》に出ると発表していますけれども、ヘンリー・リー・ルーカスは、三百人は殺したという殺人鬼《き》で、映画の「ハンニバル」のモデルともなった人物です。

また、ごく最近の動画では、バーのほうで合法の大麻《たいま》成分であるＣＢＤオイルというものを飲み物に入れ、プラス千円で提供したりすることも始めていると言っています。

さらに、「幸福の科学でたびたび過去世《かこぜ》の変更《へんこう》があるというのはおかしい。これは霊言《れいげん》が嘘《うそ》である証拠《しょうこ》だ」というようなことを主張していて、咲也加《さやか》副理事長が幸福の科学の二代目を継承《けいしょう》するに当たり、他のごきょうだいを〝粛清《しゅくせい》〟に入っているなどという嘘をついて誹謗中傷しています。

以上、最近の宏洋氏が行っていることについて説明させていただきました。これを前提として、それぞれのことについて、お話を頂ければと思います。それでは、どうぞよろしくお願いいたします。

宏洋氏への意見発信を自発的に続けていた与国氏

大川隆法　はい。この二年ほどのことになるかと思いますけれども、私は、宏洋のYouTube《ユーチューブ》は、聖務《せいむ》で忙《いそが》しいので、まったく観《み》ていないのです。反論の本を出すとか訴訟があるなどの報告が来るときに、そんなことを言っているらしいというぐらいの短い報告は来るのですが、それ以外には観ていません。

その代わりに、与国さんが反論してくださっているとのことで、お名前をかねがね聞いています。

与国　はい。

大川隆法　当会も官僚《かんりょう》組織のようになってきて、護《まも》りだけはしていても、自分から動く人が非常に少なくなっています。こちらが指示を出せばやるのですけれども、出さないかぎりは動きません。自分が見ていないものについては何もしないというような感じもあります。

そのようななか、以前、あなたが支部等にいるときから、いろいろと発信しているらしいということを聞いたので、「現場の人に発信してもらっているのではいけないでしょう。広報局あたりに移さないといけないのではないか」と言って、広報局に異動したと思うのですが。

与国　はい。

「幸福の科学との訣別《けつべつ》」を言いながら、ネタにし続けている宏洋氏

大川隆法　当会から何冊か反論本は出したのですけれども、まだいろいろとやっているようです。

今度、文藝春秋社から本を出すということですが、今、同社も経営危機がささやかれています。宗教とかのテーマをやると、人が買う場合もあるので、食いついてきたのかもしれませんが、「語るに落ちたり」であり、そこまで見識が低くなっているのかという気がします。

あなたはウオッチしていると思いますが、今日、聞いたことでは、彼が三百何十本出しているもののうち、二百本ぐらいは幸福の科学に関することであるようですね。

●何冊か反論本は……　2019年には『信仰者の責任について』『直撃インタビュー 大川隆法総裁、宏洋問題に答える』等を、2020年には『宏洋問題を斬る』『宏洋問題の深層』（幸福の科学総合本部編、いずれも幸福の科学出版刊）を発刊した。

与国　はい。

大川隆法　幸福の科学について触《ふ》れないでいるとフォロワーが減っていき、当会の批判をすると増えるので、結局、この話題を使っているようです。ただ、テレビ等に出ても、「そんなに訣別《けつべつ》したかったら、幸福の科学のことを言わなければいいのに、なんで言うんだ？」などと言われていたようにも聞いています。

私のほうは、仕事に熱中しているので、ほとんど考えてもいなかったのですけれども。

自《みずか》ら戦う意志を持つ、勇気ある人が上に立つべき

大川隆法　あなたの経歴を見ると、伝説の……、何と呼べばいいんですか？（会場笑）

与国　（笑）別に、いやいやいや。はい。

大川隆法　何て言うんですかねえ。ヤクザではないんでしょう？

与国　いえ、違《ちが》います（笑）。

大川隆法　暴力団でもないですね？

与国　いや、もう、不良少年だっただけなので……。

大川隆法　ああ、不良少年ですね。

与国　はい。

大川隆法　刑務所《けいむしょ》に入ったりは……。

与国　いや、入ってないです（笑）。

大川隆法　そこまでは行ってないの？（会場笑）

与国　はい。入っていません（笑）。
今日の収録前にも、それを訊《き》かれて……。

大川隆法　当会的には、入っていても別に構わないんですよ。そんなことで怒《おこ》りはしないから。

与国　あ、はい（笑）。

大川隆法　いいですねえ、「伝説の不良」。かっこいいじゃない？

与国　いえいえいえ……。

大川隆法　（与国氏の経歴書を見ながら）いい写真がありますね。雰囲気《ふんいき》のある写真があって、映画の主人公もできるのではないかなあ、これは。

与国　いやいやいやいや……（笑）。

大川隆法　映画「ホットロード」みたいなものの新しい作品を。ただ、ちょっと年が行っているから、親分のほうじゃないと難しいかもしれませんね。若いほうはできないかな。

与国　いやいやいや（笑）。

大川隆法　いやあ、こういう人は頼《たの》もしいですね。

今日、総合本部に来る途中《とちゅう》で思い出したのですが、一九八六年に幸福の科学を始めて、十月に事務所を開いて、八七年ごろから本格的に事務局も始動したと思うのですが、最初に採用した二人の女子職員のうちの一人は、今から考えてみたら、スケバンだった人なんですね。

与国　そうなんですか。

大川隆法　ええ。私はそのことを全然知らずにやっていたんです。一年以上たってからそのことを聞いて、「あっ、そうだったんだ。スケバンだったの?」という感じで(笑)。秘書として使っていながら知りませんでした。

「どういうふうなスケバンだったの?」と訊くと、「家を一回飛び出して、不良グループの親分? 暴走族の親分のようなところの家を三軒《げん》ぐらい転々としながら、足を洗おうとして、幸福の科学に来たら採用された」と言うんですね(笑)。その報告は聞いていなかったので。

ですから、スケバンとでも秘書を組める私ですので、わりに親和性があるのかもしれませんね。

与国 (笑)

大川隆法 それはともかく、支部あたりから勇気ある発言をしているらしいと聞き、「そういう人が要《い》るのではないか」というような話をしていたのです。

昨日《きのう》も、「やはり、戦える人が上に立つべきだ」ということを言っていたのですが、自分が戦う意志を持っていないと。「命令があればする」というのは、それはいちばん下ですからね。自分が戦う意志を持っていなければ駄目《だめ》なのです。
そういう意味で、あなたは勇気ある人なのだろうと思うし、いや、あなたのような人が、宏洋のような人物にとってのいちばんの導き手になるタイプではないかと、私は思うのだけどね。

与国　ありがとうございます。
宏洋氏も、ヤクザ映画を撮《と》られたそうなんですけれども。

大川隆法　そういうものが好きなのでね、ええ。

与国　私が見ていて、なぜ、〝そっち〟に行ってしまうのかなと。私は〝そっち〟

の世界には行かずに、〝こっち〟に来たものですから（笑）、「何を憧《あこが》れているのかなあ」と思いますけれども……。

大川隆法　そうだろうねえ（笑）。実は「弱い」んですよ。弱いから、そういうふうに強がって見せたくて、演技等ではするけれども、実物は弱いんです。教団のなかにいたときも、外の人たちにはすごく弱くて、なかでは偉《えら》そうに言う内弁慶《うちべんけい》タイプなので。

与国　はい。

大川隆法　ただ、それは、自分が嫌《いや》だから、強く見せたくて、外向けにはそういうものをやりたがる。

張飛《ちょうひ》の役をやりたがったりね。

与国　ああ、なるほど。

大川隆法　実は、とても弱い。

与国　ただ、私も、その昔、不良少年だったので、いろいろな抗争《こうそう》や修羅場《しゅらば》をくぐったりとか、格闘技の試合などにも出たことがあるのですけれども……。

大川隆法　ああ、そうらしいね（笑）。

与国　今ほど、人生のなかで緊張《きんちょう》していることはなくてですね（笑）（会場笑）。

大川隆法　そんなことはないでしょう。

与国　先ほども、始まる前からずっと、小鹿《こじか》のように震《ふる》えていまして。

大川隆法　何を……（笑）。

与国　本当なんです（笑）。

大川隆法　私なんかは、もう、虫も殺さない優《やさ》しい男です。

与国　はい（笑）。

1　訣別《けつべつ》を謳《うた》いながら教団に頼《たよ》りきりの宏洋《ひろし》氏

「恵《めぐ》まれた環境《かんきょう》に育ちながら、今の生き方は筋違《すじちが》いではないか」の一言《ひとこと》

大川隆法　それで、あなたのような修羅場《しゅらば》をくぐった経歴の方から見て、もしかしたら、宏洋《ひろし》のようなタイプの人物とはすれ違《ちが》っていないかもしれませんけれども、男の筋《すじ》として見たときに、どんなふうに見えますか。

与国　やはり、普通《ふつう》に考えて、「筋が通っていない」というか。

大川隆法　筋が通っていないよね、うーん。

与国　私は、この仏法真理《ぶっぽうしんり》、大川隆法総裁先生の教えに出会って、今、この人生があるわけですけれども、出会っていなかったら、今ごろは、もう確実に「塀《へい》のなか」か、「墓《はか》のなか」にいるような人生なので。自分にとっては、これはこれでよかったと思いますけれども。

大川隆法　うん、うん。

与国　ただ、宏洋氏の恵《めぐ》まれた環境《かんきょう》等も素晴《すば》らしいなと思うんですよね。子供のころからいろいろな教育を受けられて、家庭でも総裁先生のお優《やさ》しいご様子を、私もお聞きしているのですけれども。

私は、逆に、家庭らしきものもまったく経験なく、教育というものもほとんどなかったなかで育ちましたので、うらやましいなと……。

不良少年から更生《こうせい》している人たちからすれば、「そんないい環境で育ちながら、今の生き方は筋違いではないか」という、もう一言《ひとこと》ではないかなと思います。はい。そう思いますね。

宏洋氏の唯一《ゆいいつ》のオリジナル性は「幸福の科学批判」

大川隆法　まあ、人にはいろいろな理由があるのでしょうね。あなたがそういう世界に入ったのも、何かあるでしょうし、甘《あま》やかされて育ち、世間《せけん》をなめていて転落するタイプもいるので。

彼は、この、世間をなめている典型的なタイプなんですよ。子供時代だと、何か悪さをしでかしても、周りが何とか後始末《あとしまつ》してくれるので、それに慣れているところはあるんですね。ほかの人が謝《あやま》りに行ったり、後始末をしたりしているのですが、ここが分かるかどうかのところかなとは思いますけどね。

与国　私事で恐縮《きょうしゅく》なのですけれども、私の場合は、何も頼《たよ》るものがなかったものですから、二十歳《さい》そこらでホームレスみたいなところまで行ってしまいましたので。

大川隆法　うーん。

与国　そうすると、もう、何も頼るものがなかったけれども、今、宏洋氏は、訣別《けつべつ》せずに頼っているといいますか。

ですから、彼のYouTube《ユーチューブ》の発信を見ると、オリジナル性が、もう、一個だけなんですね。「幸福の科学批判」というところの一個しかありません。そこのオリジナル性だけで勝負しているので、もういいかげんにやめないと、それでアンチの人は応援《おうえん》するかもしれませんが、ファンはつかないというのはあります。

宏洋氏の演技力に冷や汗《あせ》が止まらなかった

大川隆法　当会のなかにいて、映画のほうを手伝っていたときも、「宗教の映画をするから人が入らないんだ。だから、宗教から離《はな》れて、映画のエンタメに徹《てっ》したらいいんだ」と。特に、地獄《じごく》的な映画のようなもの、アクション系とか殺し系などいっぱいありますから、あんなものをやればもっと人が来ると思っていたところがあります。「そういう、宗教の戒律《かいりつ》のようなものを取っ払《ぱら》えば、もっと人は来るんだ」という持論を持っていたんですね。

しかし、今、当会を出てつくってみたらどうかというと、まあ、やはり、人は集まらないですよね。

与国　本当に、「世界に行ける」と思っているそうです。

大川隆法　（笑）

与国　私も、支部長のときに、一般《いっぱん》の方を当会の映画にお誘《さそ》いしていましたが、宏洋氏の演技を見ていまして、もう冷や汗《あせ》が止まらなかったというのが私のなかにあるんですね。

大川隆法　おお。

与国　でも、千眼《せんげん》さんが出てこられて、ホッとして、「よかったー」と。

大川隆法　それが一般的な評価ですよね（笑）（会場笑）。

与国　（笑）

大川隆法　みんなそう言っていますから。安心して観《み》られるようになったということを（笑）。

与国　宏洋氏は、「自分は世界に行く」と豪語《ごうご》されているので、はい。

大川隆法　まあ、基本は天狗《てんぐ》系なんだろうとは思いますけれども。日本にはわりに多いのでね。

「小さいころにわがままだった子はずっと直らない」

大川隆法　私は、家庭のなかではあまり子供を怒《おこ》ったりしないタイプなんですけれども、仕事のほうでは厳しいときには厳しいことをけっこう言うので。言わなかったとしても、要求レベルがけっこう厳しいことがあるので、そのことについて感じる人はいます。

ただ、言い方はソフトであるため、分かりにくいと感じる人もいるかもしれません。

彼については、私の母が言っていたことですが、「小さいときからわがままだった子は、ずっとわがままのままで直らないんだ」というんですね。そのようなことは言っていましたけれども、まあ、それに尽《つ》きるのかもしれません。

与国　はい。

大川隆法　特に、長男としての特権の部分のようなものがあったのと、周りもどのようにしてよいか分からないから、ミニ皇室風にやっていたことで本人たちが勘違《かんちが》いし、自分に人がいっぱい付いてお世話してくれるのを、何か、人を使って経営しているような気持ちになっていたようなところがあるらしいので。養っているつもりでいたようなところがありますね。

与国　はい、はい。

大川隆法　ですから、不謹慎《ふきんしん》かもしれませんが、天皇が上皇になられて、「上皇になられてから公務が減っていても、六十数人はそのままついていく」という一方で、「新しい天皇に八十人からの人が付いている」と聞いたら、どんな仕事をなされるのかなと、やはり気にはなりますけどね。

まあ、あちらは税金でやっていますから、税金の使途《しと》として、それが必要なのかどうかというチェックが働くとは思いますが、私のほうは、基本的には信者さんのお布施《ふせ》で成り立っています。

もちろん、一部にはお布施ではないもの、例えば、書店で売っている本などで一般の方が買ってくれている部分については、信者のお布施とは違う部分がありますけれども、大部分のところは信者のお布施で成り立っています。ですから、活動においても、当然ながら、信者の方々の目線は十分に感じなければいけないし、発言も関係あるでしょう。

講演会での発言が世の中に影響《えいきょう》を与《あた》えることの重み

大川隆法　私の場合は、どうしても、講演会での発言によって敵・味方がはっきりと分かれるような内容が出てきますので。そのために、ある人がやっている仕事にとっては逆風になるようなことを言う場合があるので。まあ、それはちょっと厳しいかなと思うこともあります。

例えば、今であれば、中国との取引等をずいぶんやっていたような会員さんも当然いるわけですけれども、「厳しいことを言われると、どうしたらいいんだろうか」というようなこともありますしね。

カナダで話をしたときには、元中国人のカナダ人たちが「香港《ホンコン》やウイグルを助けてくれ」というようなことを直接に言ってくる。私のほうは「できるだけ頑張《がんば》る」と答えてはいるけれども、あちらの習近平《しゅうきんぺい》氏のほうから見れば、暗殺部隊を送り込《こ》みたいぐらい憎《にく》たらしい相手でしょうね。

与国　はい。

大川隆法　それから、昔は発言しても、世間に対してそれほどの影響《えいきょう》はなかったのですが、最近は影響力も大きいのでね。

釈量子《しゃくりょうこ》さん（幸福実現党党首）と、「君たちの民主主義は間違っていないか。」という対談をしたときかと思うのだけれども、私が安倍《あべ》首相に「ゴルフはやめなさい」と言ったら、安倍さんが記者会見のときに、「私が遊んでいるように言う方もいるかもしれませんが、決して遊んでいるわけではなく、外交で必要なんです」というような言い訳をしていたから、こたえているのだなあと。

与国　なるほど。

大川隆法　あれを言ったのは私一人しかいないから、ほかの人は誰《だれ》もいないはずです。いちおう耳に入って、こたえるのだなと思います。それは、もちろん、遊びだけでやっているわけではないことぐらい、私も分かっています。ただ、「一般企業《きぎょう》では、赤字に転落して、そういうことを続けていたら、社長は解任動議を出されたりする場合もあるということは知っていますか」ということを言っているだけなんですけどね。結果は、経済が見通せなくて、今、大騒動《おおそうどう》をしているところです。

このように、上になるほど厳しいことも言われるから、きついとは思います。

2 影響力《えいきょうりょく》が衰退《すいたい》しつつある週刊誌の今

部数減で弱体化する「文春」の危険な一手

大川隆法　今回、文春が絡《から》んできたのはどういう意味なのか、私にはよく分からないのですが。講談社みたいになりたいのかどうかは、ちょっと分かりません。そのへんは、向こうの様子を見ながら考えます。

かつての文春に比べたら、かなり弱っているようで、昔よりもだいぶ社員数が減っていますし、売れ行きも落ちています。かつて講談社フライデー事件があったころは、花田紀凱《はなだかずよし》さんが「週刊文春」の編集長をやっていて、百万部近くも売り上げていた時代でした。今はもう三分の一ぐらいに減っていますので、けっこう厳しくて、経理出身の人が社長になっていますけどね。ですから、本当はかなりきついのだろうと思います。

だからこそ、こういうものに食いついてくるのでしょうが、これはそうとうの危険性があります。

でも、裏には一部、〝知っていてやっている部分〟があるのではないかと思うんですよね。〝完全なバカ〟ではないから、知っていて、幸福の科学に関連があるものを使っているのかもしれません。つまり、完全に「宏洋《ひろし》のほうが正しい」と思ってやっているだけではなく、知っていてこれを泳がせて、ダメージを与《あた》えようとしている感じはちょっとあるかなと。

与国　ああ、なるほど。

大川隆法　千眼美子《せんげんよしこ》さんとの結婚《けっこん》の話など、マスコミ人が考えれば、ありえる話ではないのは分かっているはずですね。

与国　なるほど。

大川隆法　千眼さんと結婚したい人というのは、十万人以上はいるでしょう。ですから、そんなものを強制はできませんよ。当たり前ですよ。抽選《ちゅうせん》したとしても、宝くじぐらいの難しさですから。

与国　うーん。

大川隆法　そんなものは、強制されたなどと言えるようなものではありません。絶対にありえないというぐらいのことは分かっていて、あえて、ああいうのを使ってやっているのだったら……。

与国　週刊誌を使って……。

大川隆法　やはり、そこには、彼らの「生きていく作法《さほう》」としての、〝道を外しているところ〟があるのではないかなと思う。

与国　うーん……。なるほど。

大川隆法　その記事が出たときには訴《うった》えずに見逃《みのが》していたんだけれども、その後もずっと続いているのを見て、分からないようだから、この世的に分かるようにやらなければいけないのかなと思って、反論もするわけです。やはり、この世的に正しいか正しくないかということについても、意見は言わなければいけないのかなと考えています。

「戦ってよいことは何一つなかった」と言っていた大手出版社

大川隆法　幸福の科学は一九九一年に、ほとんどのマスコミから包囲網《ほういもう》で叩《たた》かれました。あのときは、いわゆる「戦国時代の囲み取り」のように、周りから総攻《そうぜ》めにされたんです。

それで、「どうするか」ということになって、「いちばん強いところと戦おう」「どこがいちばん強いか」「講談社がいちばん強い」ということで、「じゃあ、中央突破《とっぱ》だ。講談社にぶつかって撃破《げきは》しよう」ということになりました。

当時、講談社は、出版社としては千二百人以上いて、収益が二百億円も出ていて、さらに、抱《かか》えている作家は一万人以上だったので、「こんなところと戦えるのか」と。まあ、実際、戦いが始まったのでびっくりしたといった状況《じょうきょう》ではあったんですが。

ただ、十年間ぐらいやって、向こうは、「幸福の科学と戦って、よいことは何一

●実際、戦いが……　1991年、講談社が「週刊フライデー」誌上等で、捏造に基づく悪質な連続記事で幸福の科学を誹謗中傷した。それに対し、同年9月、精神的苦痛や風評被害を受けた信者たちが精神的公害訴訟を提起、抗議活動を行った。

つございませんでした」と言っていて、以後は、あちらも当会の批判は一切《いっさい》しません。今は平和的に共存しています。

当時は、文春とか新潮とかは小さいので、「戦うと潰《つぶ》れる」と思ったから、相手にしなかったんですよ。

与国　なるほど。

大川隆法　品としては新潮などのほうが悪かったんですけれども、講談社のほうが大きくて、最大手なので、「そこと戦ったらどうなるか」といって、やったわけです。

すると、「品性が悪い」ということで、講談社のほうが「裁判所へ出入《でい》り禁止」になったぐらいでした。なかで隠《かく》し撮《ど》りをしたり、いろいろするので、裁判の場でね。それで怒《おこ》られて……。そういうこともありました。

今は若い人が編集者をやっているので、もう分からなくなってきているかもしれません。もう二十五年……、いや、三十年近くになるでしょうか。それくらいになっていて、もう世代が替《か》わっているから、知らないのだろうけれども。

与国　私は一度、「格闘技《かくとうぎ》の試合」に出たことがあって、すでに幸福の科学の会員だったのですけれども、そのときに、食事をごちそうしてくれる方がいて。「週刊現代」とどこかで、両方とも講談社の方だったんですよ。

大川隆法　（笑）「日刊ゲンダイ」？

与国　「日刊ゲンダイ」でしょうか。詳《くわ》しくは覚えていないのですが、そこの記者でした。

当時、私は、幸福の科学の会員であることをネットで出していたので、「この人たちは、嫌《いや》がらせで、わざわざ来ているのかな」と思ったら、知らなかったですね。若い記者の方は、「え？　幸福の科学は昔……」と。

大川隆法　世代も替わったのですね。

与国　はい。

大川隆法　それに、母親の社長のほうが亡《な》くなって、息子《むすこ》さんの代になったのでね。息子さんのほうは若くて、四十代で社長になったので、そのあたりの差もあるのかもしれませんけれどもね。

与国　はい。

「幸福の科学をあまり甘《あま》く見ないほうがよい」

大川隆法　新潮社などでも、「フォーカス」という写真雑誌で、駐車場《ちゅうしゃじょう》に潜《ひそ》んで隠し撮りしたときにいたような人が社長になるぐらいの年代に替わってきていますので、今の若い人たちは知らないかもしれないですけれども。

あなたの格闘技ではないけれども、出版社が「喧嘩《けんか》したい」と言うなら、いくらでもお相手はしますが、もう三十年たっているので、「当会は、昔よりもうちょっと力がありますよ」と言っておきたいと思います。

以前は、宗教法人格を取った年ですからね。組織としては、まだ烏合《うごう》の衆にやや近いレベルでした。「緊急《きんきゅう》に集めた人が職員になっている」というぐらいで、まだまだ全然できていないレベルでやったものなんです。

与国　なるほど。

大川隆法　ですから、幸福の科学をあまり甘《あま》く見ないほうがよかろうなとは思いますね。特に、「文春」の体力では無理ですね。

3　宏洋《ひろし》氏の〝女々《めめ》しい〟傾向《けいこう》性

宏洋氏の狡猾《こうかつ》さについて

与国　もう一つ、「宏洋《ひろし》氏の非常に狡猾《こうかつ》なところ」としては、こんなことがあります。

昔は、宏洋氏自身が、「宗教のイメージを変えたい。よくしたい」と言っていたんですよね。

そうであるにもかかわらず、今は、〝イメージ操作〟というか、「宗教のイメージを下げる」ような動画をつくることには非常に長《た》けています。

例えば、「世の中の方は、お布施《ふせ》のことなどについてよく分からないから」ということで、あえて、そういうことを何回も何回も言っていくとか、そうした「印象操作」にすごく長けているところがあると感じます。

私たち広報局としても、そうしたことに対して、「いや、宗教というものは……」と言って、一生懸命《いっしょうけんめい》、打ち返しをしてはいるのですけれども、なかなか……。

大川隆法　戦後、長らく、新宗教のイメージは悪かったのですけれどもね。一九八〇年代に幾《いく》つか新宗教ができて、一九九〇年代にけっこう広がって見えていました。幸福の科学が飛び出したので、ほかもまねしてたくさん出てきて、撃《う》ち落とされたところもたくさんあるのですけれどもね。

それでも、その後、三十年、当会は生き延びていますので、「何かが違《ちが》う」ということなのだと思いますが。

でも、同時に「嫉妬《しっと》」もあるだろうとは思います。これだけやっていても何も言えないでいるというのは、打ち込《こ》みたくても、なかなか隙《すき》がないということでしょう。

ですから、「唯一《ゆいいつ》の隙が出てきた」と思って飛びついてきているわけです。実母のところも、種がかなり尽《つ》きて、もう書くことはないでしょうから、そういうことなのだろうと思います。「交代要員で、ここ」ということなのでしょうけれども。

与国　そうですね。

「生まれる前の霊言《れいげん》」で宏洋氏が語っていたこと

大川隆法　でも、これは、実は何も間違いはなくてね。子供たちの生まれてくる前に、テープレコーダーで、いろいろ訊《き》いているものを録《と》っているんですよ。

そこで、宏洋が最初に言ったのは、「長男で生まれてくるけど、僕《ぼく》は後を継《つ》がないので。弟とかが継ぐと思うから、そっちによろしく」という感じのことでした。

最初からそういう感じだったので、まあ、がっかりするというか。生まれてくる前から、「後を継がないで、僕は自由に生きるんで」と。

与国　「霊言《れいげん》で」ということですね。

大川隆法　そうです。生まれてくる前に霊言を録っていて、そう言ったので、私はがっかりしました。

普通《ふつう》に子供の面倒《めんどう》を見たようには言っていますが、はっきり言えば、四、五歳《さい》ぐらいまでは、ちょっとがっかりした感じで見てはいたんです。

その後、母親のほうが、東北の人だったので、「そうは言っても、今世《こんぜ》、長男として生まれたんだから、期待しなきゃいけないだろう。普通のところが期待するぐらいまでは、一通りしてやったほうがいいんじゃないか」というようなことも言っていたので、五歳ぐらいからは、そちらの方向にハンドルを切りました。

五人全員、いちおう試《ため》してはいます。

本来は、中小企業《きぎょう》などでも、「後継者《こうけいしゃ》として四、五人用意して、一人しか残らない」というのが普通であって、確率的に見て、「五人全員に期待をかけて、一人残るかどうか。残ればよいほう」でしょう。

ですから、〝粛清《しゅくせい》〟などというものではなくて、実際上、やはり、残れないということが多いんですよ。

与国　はい。

大川隆法　それほど難しいので。

最初は小さくやっていて、そこから、慣れて、練習して、だんだん大きくなっているわけですが、大きくなったあと、子供が継ぐ年代まで、三十年、四十年と飛ぶと、どういうことで苦労してやってきたかを伝えることは、ほぼ不可能なんです。

それが分からないで、すでに出来上がっているものを見て、「それを使ってやればいい」というように考えてしまうところがあるんですね。

与国　なるほど。

宗教は「ＰＲの元祖」

与国　宏洋氏は、特に、幸福の科学の職員のことを非常に下に見ているところがあります。そういう、先生が努力されて、広げてきた経過を知らないので、職員が最初からいたものだと思っているのか、職員に対する発言を見ると、「見下している」というか、「バカにし切っている」というか……。

一方で、YouTube《ユーチューブ》をやっているYouTuber《ユーチューバー》で、アクセス数やチャンネル登録者数が比較《ひかく》的多いような、知名度的にも大したことのない人をすごく上に見ていて、YouTubeの世界のチャンネル登録者数で人を見るというようなところがあります（苦笑）。

大川隆法　そうでしょうね。そうすると、すごく立派な体格をされた女優さん、タレントさんで、九百万人ほどもフォロワーを持っているような人もいるけれども、そういう人がものすごく〝偉《えら》い人〟なのでしょうね。

与国　〝偉い人〟なのだと思います。だから、「幸福の科学は、チャンネル登録者数が少ないから、小さいんだ」という発想なんです。

大川隆法　時代が変わっているから、いろいろなことが起きてくるとは思うけれども、マスコミ自体も崩壊《ほうかい》して、そういうミニコミに変わっていこうとしているのかもしれません。

宗教は、マスコミより前の「マスコミ」なんですよね。「ＰＲを始めた元祖」が宗教なので。

「伝道」というのは「ＰＲ」なんですよね。

与国　なるほど。

大川隆法　宗教がＰＲをしたというのがいちばん最初で、「イエス・キリストが十《じゅう》字架《じか》に架かった」というのも「最大のＰＲ」と言われています。センセーショナルなことに人はすごく反応するので。まあ、皮肉な言い方ですけれどもね。あるいは、「吉田松陰《よしだしょういん》が死刑《しけい》になって、全国の維新《いしん》の志士に檄《げき》を飛ばした」というのもありますが、これなども似たようなところはあったと思いますね。ＰＲはＰＲなのですが、かたちは時代によって違うでしょうね。

与国　はい。

「特権」と「背負うべき義務」の両方があることが分からないと……。

与国　私事で恐縮《きょうしゅく》ですが……。

大川隆法　いや、私事、面白《おもしろ》いですよ。

与国　いやいや（笑）。

大川隆法　どうぞ、どうぞ。

与国　実は、私も、「ＰＲ」として格闘技《かくとうぎ》に出させていただいたんです。ルールは全然分からなかったのですけれども、「ＰＲ」で出させていただきました。
今後とも、広報局をはじめ各部門が、幸福の科学をＰＲしていくに当たって、どういう心構えで、どういったことに挑戦《ちょうせん》していったらよいでしょうか。

大川隆法　うーん。大会社、あるいは、官僚《かんりょう》組織的にややなりすぎているかなとは思います。まあ、三十年以上たっていますから。

普通、会社で言うと、「会社をつくって三十年後にもっているのは、〇・〇二パーセント」と言われていますが、当会は、その基準を超《こ》えて、まだまだ、今のところ衰《おとろ》えは知らないかたちでいっていますし、要求されるレベルがどんどん変わっていっていると思うんですね。

先ほど、「宏洋は職員を下に見ている」と言っていましたが、当会の初期のころの家庭のなかなどには、そういうところがあったんです。

彼の実母の実家が産婦人科だったので、家に、使用人のかたちで、お手伝いさんとか、今で言う看護師とかが十人ぐらいいて、住み込んでやっているといったような感じでした。そういう、家のなかの人を使うような感じでやっていて、本人は、それだけしか見ていないので、実は、外側の、事務所のほうの仕事などについては全然知らなくて、そのように、「お仕えしてくれるものだ」と考えていたのだと思うのですけれどもね。

しかし、今、当会はだんだん公器になって、大きくなってきているので、要求レベルが上がってきています。

皇室あたりでも、大嘗祭《だいじょうさい》について、「やはり、身の丈《たけ》に合ったようにやったほうがよいのではないか」といった感じで、お金のことまで、いろいろ言われるようになってくることがありますしね。

あとは、「自由恋愛《れんあい》をさせろ」と言っていますよね。男の子も女の子も、みなそういった感じになってきているようですけれども、「ちょっと違うのではないか」という感じは、やはり、あるでしょう。

与国　はい。

大川隆法　「象徴《しょうちょう》としての生活をなされているのだから、普通の人と同じでは、やはり、おかしいのではないですか」ということです。

自由恋愛をしているつもりで、大勢の私服警官が、喫茶店《きっさ》から始まって、いろいろなところに張りついてやっていますからね。できないですよ、現実にはね。

与国　そうですね。

大川隆法　そういう、「特権」の部分と「背負うべき義務」は両方あるので、それが分からない人は、やはり、「不適合」感を起こして、落ちこぼれていくというのかな、そういうことは起きるでしょうね。

与国　はい。

受験勉強に耐《た》えられなかった宏洋氏

大川隆法　宏洋の場合、中学・高校のあたりからすでに、外泊《がいはく》したりして帰ってこないことなども多かったのですけれども、行く先々の学校で校風を壊《こわ》していくといったことはやってはいました。

与国　宏洋氏の話では、「全然、遊ばせてもらえなかった」ということを、ずっと言っています。

大川隆法　（苦笑）そんなことはありませんよ。学大附属《ふぞく》の中学のとき、学校には「友達の家に行って外泊するカルチャー」はなく、青山《あおやま》学院の高校でも、やはり、そういうカルチャーはなかったのに、「彼がやったら、みんなまねし始めた」というように言われていました。

与国　そうしたことを世間《せけん》の人たちは詳《くわ》しく知らないために、彼は、「私は、こういう教育を受けた。これだけ厳しかった。何もさせてもらえなかった。宗教家の二世で、僕はかわいそうな人間なんです」というような宣伝をしています。そうやって、幸福の科学のアンチの人や、世間の何も知らない人の〝同情を買っている〟というやり方をしています。

大川隆法　そこのところだけ、すごく〝女々《めめ》しい〟んです。「女々しい」というのは、失礼な、差別用語かもしれません。女性に対して申し訳ないけれども。

例えば、首都圏《けん》では、中学受験をする人も多いでしょう。六人に一人ぐらいはするものです。

当時、首都圏で延べ十五万人ぐらいは受けていましたが、要するに、男の子も女の子も十五万人も受けるような試験を受けさせられただけで、「虐待《ぎゃくたい》された」というように言うのは、「平均値の法則」からいって、言っていることがおかしいですよ。「その程度も耐《た》えられないのか」というぐらいのレベルですね。「その先に待っている仕事」は、もっともっと厳しいレベルです。

これは、「少しでも、進学をよくして、収入のよい会社に勤める」という、普通のサラリーマンで、他人《ひと》よりちょっと上になろうと思うぐらいの人が大多数となるマーケットですからね。

宗教家というのは、そんなものではありません。本当に、「ただ独《ひと》り行く」の世界まで行かなければいけないので、そんなものは〝飛び越《こ》えて〟いかなければいけないもので、そんなに弱い精神力では、まったく使いものにならないレベルですよね。

与国　なるほど。

大川隆法　彼は、徹底《てってい》して、この「平均値の法則」が分かっていません。

他人《ひと》の気持ちが分からず、協調ができない

大川隆法　それから、「他人《ひと》の気持ちが分からない」ということもあります。もう、これは徹底して分からない。自分の気持ちばかりよく分かるらしいのですが。それでいて、自分の気持ちが分からない人は悪人に見えるというタイプですね。

何かの本にも書いたことがあるけれども、彼が幼いときには、「トイレにも行けない」というので、本当に困ったぐらいでした。一分間でも姿を消せません。人がいないと、這《は》ってきて、ガーッと抗議《こうぎ》して、「出てこい」というのです。「途中《とちゅう》でやめられないんだけど」という（苦笑）。そういうところがありました。

その性格が、ずっと、いまだに直っていないというところですね。

あるいは、「自己実現」というのを、「自分が持っている能力のようなものを伸《の》ばして、成功すること」というように思っているのでしょうが、もう一つとしては、

●何かの本にも……　『直撃インタビュー 大川隆法総裁、宏洋問題に答える』（前掲）参照。

やはり、「自我を抑《おさ》えて、周りを生かすために協調していくこと」も大事ですよね。

例えば、あなたが〝一匹狼《ぴきおおかみ》〟でやっていたら、それ以上の仕事はできないけれども、「自我を抑えるべきところは抑えて、みんなと協調できるところは協調して、自分の能力が生かせるところは生かす」というスタイルになれば、大きな仕事はできるようになるわけです。

こういったスタイルが、まだ分かっていないところはあります。

「多くの人も、朝、会社へ行くとき、楽しくて楽しくて来ているというわけではないんだよ」といったことを、おそらく考えたことがあまりないのだろうと思いますね。

与国　なるほど。

大川隆法　要するに、「甘《あま》ったれ」です。ですから、本来ならば、あなたのような人にガツンとやってもらったほうがよいのですけれどもね。

与国（笑）私は、出家《しゅっけ》させていただいて、いちばんよかったのは、「けっこう厳しい環境《かんきょう》に置かせていただいた」ということです。

そして、「先輩《せんぱい》がたの後ろ姿を、背中を見て学べたということがすごくよかった」と思っています。

例えば、雲水《うんすい》とか、作務《さむ》とか、ああいったことを徹底的にさせていただきましたし、あるいは、先輩がたが、もうフラフラになりながら講話に行く姿などを見ていまして、そういう「宗教の厳しさ」というものを、出家してから徹底的に学ばせていただいたんですね。

ですから、宏洋氏を見ていて、「そういうことが分かっていない」というのと、「ちょっとかわいそうかな」と思ってしまうところも、少し自分のなかにありはします。

でも、「言わなければいけないことは、言わなければいけないんだ」ということで、打ち返しの動画をつくっているんです。

4　宗教の世界の難しさ

宗教家の内面は、格闘家《かくとうか》と同じで「自分との闘《たたか》い」

大川隆法　あとは、私の近くにいたりする人に多く起きることですが、やはり、霊《れい》的《てき》に感度が高くなってくるので、磁石のようになって、霊道《れいどう》が開《ひら》いてくるというか、霊言《れいげん》ができたり、霊の言葉が聞こえたり、感じたりするような人は、わりに増えてくるんですよ。

そのあとは、いったん体のなかに入り始めたら、これはもう「戦い」なので、勝たなかったら、最後は「廃人《はいじん》」になってしまいます。もっと、自分なりに厳しく自分を見つめ直して、しごき直して、鍛《きた》えないと駄目《だめ》なのですが、それに失敗した人は精神病院へ行ってしまいます。

そういう人はたくさんいますよ。霊の声が聞こえて、視《み》える人たちで、社会生活ができなくなっていったら、そうなります。より厳しいところで戦いは起きるので、勝つしかないんです。

ですが、そこから、信仰心《しんこうしん》を捨てたり、「自分は自由なんだ」といったように、どんどん煽《あお》られていくと、堕《お》ちていくんですね。どこまでも堕ちていくので。それは、もう一億年以上も、そういう戦いは続いています。

人間には、「人の上に立ちたい」という気持ちもあるし、お金も儲《もう》けたいし、異性は欲《ほ》しいし、家は欲しいし、何が欲しいしと、たくさんあるものです。

やはり、「聖なる使命」を感じなければいけないのですが、偉《えら》くなったら、「祀《まつ》り上げろ」といった感じになってくるところがあって、こういう人は、いったん転ぶ以外に学びようがないところはありますね。

与国　総裁先生の教えとして、『パパの男学入門』（幸福の科学出版刊）というものがありますが、それを読み返してみると、「ああ、先生は、こういうことを宏洋氏《ひろし》に伝えたかったんだな」と思いました。

大川隆法　肝心《かんじん》な人は読まないんですよ。読んでほしい人は読んでくれなくて、その周りの人が読んでくださるので、周りの人は少なくとも知っておいてくれたほうがいいかなと思って出しています。

読むべき人が読まないで、ほかの人が読んでいるので、まあ、しょうがないのですけれどもね。

与国　「偉くしてくださるのは他人《たにん》様で、努力するのは自分である」というところは、今、むしろ宏洋氏にいちばん伝えたいところかなとは思いますね。

大川隆法　宗教家というのは、外見は穏《おだ》やかに生きていることが多いので、それで誤解されることは多いのですが、内面は、やはり、格闘家《かくとうか》と同じで、「自分との闘《たたか》い」なんですよ。

彼は、特に、映画「さらば青春、されど青春。」（製作総指揮・大川隆法、二〇一八年公開）で主演を演じたつもりでいるので。あれで「●降魔成道《ごうまじょうどう》」をやったような気持ちになって、「演技でできる」ぐらいに思って甘《あま》く見たあたり、あのあたりがターニングポイントで、かなり堕ちていったように思います。「そんなの、役でいくらでもできる」と思って……。

俳優業も気をつけないと、要するに、〝人を騙《だま》す〟のが仕事で、うまく騙せれば〝よい俳優〟というような感じになってくれば、これは間違《まちが》ったものになりますね。これが難しいところですね。

与国　確かに、あの映画でも、悪魔が入ったところだけ、飛び抜《ぬ》けて〝イキイキ〟としているというか（苦笑）。

●降魔成道　魔を降《くだ》して悟りを開くこと。

大川隆法　そうですね。経験があるからでしょう。それしか経験がないというか。たいていの人は、自分の守護霊《しゅごれい》が入るぐらいがよいほうで、その後は、だんだん、悪いものが入ってき始めます。

これと戦う方法は、すでに全部書いてあるのですが、それが、そのとおり受け取れないので、そのようになるので。

特に、前作の「君のまなざし」でもあったと思うけれども、彼には、「鬼《おに》願望」があるんですよ。「鬼になりたい願望」「鬼変身したい願望」があるのでね。

本人も、私と「価値観が真逆だ」とか、「性格が百八十度違う」とか言っていましたが、「百八十度違う」というよりは、「天と地は違うんだよ」ということを言いたいんです。

ただ、なかなか、それが実感として分からなくて。結局、この世にベースを置いて、物事を全部見ているので、そのあたりのところでしょうかね。

与国　なるほど。

最近は、「ヒャー！」みたいな奇声《きせい》と奇行が多いですね。

霊《れい》であっても、自分の過去世《かこぜ》について嘘《うそ》を言う者はいる

大川隆法　なんか、喜島さんが……。

司会　はい。宏洋氏は、幸福の科学を攻撃《こうげき》するとき、「霊言《れいげん》は嘘《うそ》である。その証拠《しょうこ》に過去世《かこぜ》がコロコロと変わる」という言い方をしています。

実際は、「変わっている」というよりは、「新たな過去世が明らかになって、それが付け加わる」という部分が大きいと思います。それについて、与国さんのほうでも、動画で、「過去世は、霊人《れいじん》本人の自己申告である」ということで反論をしています。

しかし、宏洋氏にはこのメカニズムがなかなか分かりにくく、また、宏洋氏を支《し》

援《えん》しているアンチの人たちにも分かりにくいようです。そこで、そのあたりをお話しいただければと思います。

与国　結局、宏洋氏はYouTube《ユーチューブ》で、「まるで役職のように、偉い人の過去世認定を与《あた》えても、その人が駄目になったら、降格させて過去世を変える」というような言い方をしているんです。

しかし、そうではなく、「最初、守護霊はこう言っていたけれども、よくよく霊《れい》査《さ》をしてみたら、違っていることがある」ということです。そういうことを、私は世の中に伝えています。

ですから、〝粛清《しゅくせい》〟で、降格で過去世が変わるわけではありません。「霊人本人の意思で言っていることがけっこうあり、ほかの霊人に訊《き》いてみたら、意見が違うことがある」ということですね。

大川隆法　人間にも、正直な人とそうでない人がいますからね。

あなたも、今世《こんぜ》の過去の歴史のなかで、「○○世界選手権で全世界チャンピオンになった」とか書いたら嘘になるでしょうけど、そう言いたい気持ちがないわけではないでしょう。おそらく、そう言いたい気持ちが出てくることはあるでしょう。

要するに、嘘つきはいっぱいいるんですよ。霊になっても嘘つきはいるんです。「全部が、害意を持って言っている」とは言えないんですけれども、「自分を大事にしてほしい」とか、「引っ張ってほしい」とかいう気持ちで、自分を売り込《こ》んでくる者がいるのです。

ですから、霊言は数多くやってきましたが、「三角測量のように、違うシチュエーションでいろいろ調べても、そう出る場合以外は、だいたい信用しないほうがよい」ということと、「その人のその後を見ていると、一部、『これは違うかな』というケースが出てくることがある」ということは言えると思います。

ただ、私と最初から利害関係のある人間は、ほかの霊査の結果を許さない部分があります。

それは、前妻のときにもありました。結婚《けっこん》する前、彼女は、「幸福の科学の第二回の研修会に出たときに霊道が開け、自動書記で守護霊が書いた」ということで手紙を送ってきたのですが、当時の私の本に出ていた「女性で偉い人の名前」を三つ並べ、「自分の過去世はアフロディーテであり、文殊《もんじゅ》であり、ナイチンゲールである」と書いてきたのです。

そして、事務所の人が「面談したほうがいいのではないですか」と言うので、面談したのですけれども、私は「これは違うと思いますよ」と言ったのです。

そうしたら、もう目の前でワンワン泣き始めました。一時間も泣かれて困ったので、「もう、これについては言わないことにする」ということで、あとは黙《だま》ったのです。まあ、こういう、この世的交渉《こうしょう》もあるのでね。

与国　なるほど。

大川隆法　ええ。「これは違うと思うよ」と言ったのです。

その後、一緒《いっしょ》に支部を回ったとき、地元の信者の方から、「アフロディーテはもう少し美人ではないのですか」と直接言われたことがあります。本人がいて、私もいるのに。

与国　（苦笑）

大川隆法　「いや、時代によって、美人の基準が変わることもあるかもしれない。写真が遺《のこ》っているわけでもないので、分からない。昔の文献《ぶんけん》のなかには、『石臼《いしうす》のように大きなお尻《しり》をして、子供をたくさん産める人が美人だ』と言っているものもあるし、日本の平安時代にも、『下膨《しもぶく》れのほうが美人だ』と言っているものがあるので、当時の美人がどういうものだったかは分からない」というように答えたのですが、ただ、「過去世が本当だ」とは言っていないのです。

本当は、最初の段階で「違っている」と言ったのですけれども、向こうがそうとう〝暴《あば》れた〟ので、言わなかっただけ、引っ込めただけなのです。

「過去世《かこぜ》にデカルトがいる」と言いつつ、数学ができなかった長男

大川隆法　こういうことは、ほかにもあります。

長男は、生まれてくるとき、大事にしてほしいから、過去世《かこぜ》をいっぱいバンバン言ってきました。そして、母親は「この子は天才なのね」とそのまま信じ、「これだけの天才だったら」ということで期待をかけて教育を施《ほどこ》したわけですが、今度はそれに対して、「虐待《ぎゃくたい》された」と言い始めたわけです。

しかし、周りの秘書には、「そんなに天才なら、頭がすごくいいはずで、スーッと理解できるような頭があるはずなのに、どうしたんだろう？　私たちも、この勉強をしたけど、こんなに出来が悪くなかったな。おかしいな。過去世にデカルトが

いるのに、なぜ足し算や引き算を間違うんだろう?」というような疑問が出ていたのではないでしょうか。弟子《でし》たちは、こうした言葉を出しませんでしたが、そうという〝修行《しゅぎょう》〟したのだろうとは思います（苦笑）。

「過去世にデカルトがいて、数学ができないのは信じられない」という疑問があったと思いますが、「先生のお子さんだから、言えない」というところがあったのだと思います。

また、それなりに自分自身の現実ができれば、過去世のこともあまり言わなくなるのですが、彼の場合、現実がついてこないからこそ、余計にそういうことを外に言いたくなってきて、そして、自分への扱《あつか》いが悪くなったら、「以前はこういうふうに言われていたのに、こうなったのはおかしい」と言い始めたわけです。

仕事ができなければ、降格になるのは当たり前のこと

大川隆法　これと同じ現象は、過去、幹部でも起きています。役職に就《つ》けても、

「仕事ができない」ということで降格しなければいけないことは出てくるのですが、そのときに、「任命責任がある。任命したのに、降ろすのはおかしい。三世《さんぜ》を見通す人が間違うのはおかしい」などと言う人もいたのです。

しかし、「周りの人から嫌《きら》われているのは、あなたでしょう。これだけ嫌われて、仕事ができなくなっているなら、替《か》えるしか方法はないでしょう」ということです。それが、この世の当たり前の原理です。ほかの人がみな〝総スカン〟をしていたら、そこには置いておけなくなることがあるのです。

今回の件にしても、彼は、プロダクションの社長を一時期やっていましたが、私が知る前に、役員会議で解任決議をされています。「俺《おれ》と劉備《りゅうび》様と関羽《かんう》兄貴と」という劇をやる前のことでした。

まあ、決議されているので解任なのですが、私は「いくら何でも、これから劇をやる前に解任というのはきつくないか。さすがにやる気がなくなって、きついのではないか」というように言って、助け船を出したりしたこともあるのです。

ところが、そうして社長を続けさせたら、解任の原因になったようなことがまた元どおり、ポッと戻《もど》ってくるところがあって。

与国　そういう、先生に助けていただいたことは全部忘れてしまう。

大川隆法　みんな忘れるんです。

与国　それでいて、英才教育のなかで厳しかったことだけは覚えているようです。

大川隆法　怒《おこ》られたことだけは覚えている。

与国　はあ……（ため息）。

5　根本的な「能力」や「集中力」の不足

「受験」も「仕事」も、能力が足りなかった宏洋《ひろし》氏

大川隆法　それと、宏洋《ひろし》の教育を担当していた弟子《でし》のほうも、ほめてもらいたいので、何と言うか、うーん、問題演習をやらせすぎたというか。

まあ、何度もやったら覚えますからね。ですから、家でやるとできて、同じような過去問が出るテストを受けるとできるのですけれども、改めて広い範囲《はんい》から出題される試験を受けると、ものすごくできなくて、成績が極端《きょくたん》に落ちるのです。

最初は分かりませんでしたが、下の子のときには分かってきました。要するに、暗記していたのです。塾《じゅく》は四谷大塚《よつやおおつか》などに行っていたのですが、「過去二年分ぐらいの過去問があり、それを解いていけば、ある程度、点が取れる」というので、暗

記させようとしたわけです。

ところが、過去問を解いたときと数字が変わっていたら、答えが変わるはずなのに、前の答えをそのまま書くみたいな……。そのように、答えを暗記してやっているようなことがあったのです。

それは、喜島さん以下、いろいろと感じるところはあるかもしれません。弟子としては、「よい報告を持っていくと、先生が喜ぶだろう」と思って、そのつもりで、仕事が進むように、なるべく問題が起きていないように見せようとしたところはあるんだと思いますが。

はっきり言って、小学校四年生ぐらいのときには、自分自身が中学受験を経験したことのある高学歴の人たちは、「これは受からない」と、みな言っていました。

それこそ、学歴の高い人ほど逃《に》げるのが速かったですね。逃げ足が速くて、みなサーッと逃げていきました。もう、受験のときに居合わせたら大変なことになるというか、責任でクビがなくなりますからね。

与国　なるほど。

大川隆法　逃げ遅《おく》れた人だけ、最後に責任を取らされていますので。見切りは早かったですね。

まあ、でも、このあたりは、現代にあるシステムのなかの欠陥《けっかん》もあることはあるので、全体についてはちょっと言いにくいところもあります。ただ、はっきり言って、「今の仕事も含《ふく》めて、全部、能力が足りなかった」という、この一点です。

これは、どの世界にでもあるのではないですか。あなたが格闘技《かくとうぎ》チャンピオンを目指しても、やはり、どこかで壁《かべ》は出るでしょう。

与国　はい。

大川隆法　それはしかたがないですよね。

「東大、早《そう》、慶《けい》以外は大学と認めていない」という嘘《うそ》

与国　彼が言っている嘘《うそ》の一つとして、総裁先生は東大、早《そう》、慶《けい》以外は大学と認めていないというようなものがあります。

大川隆法　それは一般《いっぱん》に言われていることですよね。一般の東大出の人が言っている考え方でしょう。そういうことを言ったことはありません。

そのようなものは、過去の殺人事件等でよくあるケースです。「父親が東大を出ていて、息子《むすこ》を進学校へ入れたのに出来が悪い」というような場合でしょう。

例えば、海城《かいじょう》高校卒業生による「金属バット両親殺害事件」というものがありました。父親は東大を出ていて企業《きぎょう》の支店長を務めていましたが、その息子は勉強ができず、親の財布《さいふ》からお金を抜《ぬ》いて使っていたのです。親がそれを見つけて、もの

すごく怒《おこ》ったら、息子は金属バットを出して、夜、眠《ねむ》っている両親を殴《なぐ》り殺したという事件がありました。

与国　ああ……。

大川隆法　だいたい、そういうときに週刊誌等に出ていたのは、「親が『東大、早、慶以外は学校ではない』と言っていた」というような記事でしょう。最近では、農林水産省の次官をしていた人にも、やや似たようなことが起きましたけどね。

中学校時代から不良化し始めた

与国　宏洋氏は、そういう地獄《じごく》的なことにだけは、最近、すごく長《た》けています。それで、どんどんどんどんYouTube《ユーチューブ》をしているうちに顔が変わってきて、奇声《きせい》を発したりしています。

大川隆法　まあ、美しいとは言えないですね。

ちなみに、中学校ぐらいから眉毛《まゆげ》を抜き始めて、耳にピアスをして、腰《こし》にチェーンのようなものをぶら下げ始めたのです。また頭の髪《かみ》の毛は赤や茶に染め始めました。それが「かっこいい」と思っているのでしょうが、「ちょっと変な格好をするな」という感じは出ていました。

与国　ピアスとかをしていたんですか。

大川隆法　はい、していました。眉の毛を抜いて、ピアスをして、チェーンのようなものを垂らしていたのです。まあ、不良の始まりのような感じでしょう。

それから、校則では白のワイシャツと決まっているのに、ワイシャツの下に龍《りゅう》の絵が描《か》いてある真《ま》っ赤《か》なTシャツを着ていたこともあります。
母親が学校の修了式《しゅうりょうしき》か何かに行ったときに、校長先生から、「最近は校則を破る人が多くて、白いシャツと決まっているのに、その下にわざわざ赤い色のシャツを着てきて、それを流行《はや》らせようとしている人がいます。そういうことはやめてください」というようなことを、わざわざ言われたりしていました。「恥《はじ》をかかされた」と言って、家で怒ったりしていることがあったので、そういうものもあるのだと思いますが。

与国　私たちは、そのようなことについて、あまり詳《くわ》しくありません。広報局ではそういう情報も入ってきますが、世間《せけん》の人にはまったく入らないので、〝言った者勝ち〟になってしまうわけです。それで私たちも、それは見過ごせないところがあるんですよね。

日曜に行事が組めなかった時期は、宏洋氏の試験の影響《えいきょう》

大川隆法　こういう反発はよくあるのです。学校の先生のところの息子が勉強をしなくなるとか、そういう圧力がかかるのは事実だろうとは思います。

ただ、彼にとっては非常識な勉強をさせられたと思ったことを、下の四人は全員、いちおうしているのでね。当時としては、それは東京の常識だったわけです。

また、成績でそんなに怒りはしなかったですが、彼の試験のおかげで私は仕事ができなくなって、本当に困っていたのです。毎週、日曜日のたびに試験をしてくれるから、行事が組めなくなりました。見てみると、行事がなくなっているときがありますから。

土曜日も日曜日も行事ができないのです。小学四年生のときは土曜日に試験、五年生、六年生のときは日曜日に試験がありました。そうすると、私の行事は全部なくなったんですよ。

与国　ああ……。

大川隆法　母親がそちらのほうをしているので、「行事は邪魔《じゃま》だ」とおっしゃるわけです。それは不思議な……。こんなことは世間では通らないことですけどね。まあ、そういうことです。そのくらい必死にならなければ駄目《だめ》なほど、集中力がなかったということです。

司会の喜島さんも書いていましたよね。「一時間のうち、三分の一も勉強してもらうのが大変だった」と。

司会　集中力が二十分も続かない人でした。

大川隆法　そうですよね。

結局、「天才、天才」と自分で言って、言い聞かせているだけでしょう。ほかにほめることがなかったから、そのようにほめていたところもあるのですが、親のほうは実際に下の子との出来を見ていて、「長男がいちばん出来が悪い」ということが分かったんですよ。そういったこともあって、上をほめるときにそれを言っていたのです。

下の子のほうが、成績がずっといいんですよ。頭が正確なのです。「これは兄貴だけが駄目になるな」ということは、もう小学校時代から見えていました。だからこそ、「頑張《がんば》っておかないと、あとで大変なことになる」と考えていたわけです。

要するに、今、出ている結果ですけどね。「放り出されることになるから、ある程度のところまで頑張ったほうがよいのでないか」と思っていました。

与国　なるほど。

素行が悪いために高校への内部進学ができなかった

大川隆法　学大（東京学芸大学附属竹早《ふぞくたけはや》中学校）でも、不良をだいぶやっていたのです。

例えば、携帯《けいたい》電話禁止だったのですが、女子トイレのなかから電話をかけていたりとか、いろいろあって、目をつけられてはいたんですけれどもね。

六、七割は内部進学をするのですが、素行が悪いので内部進学ができず、早稲田《わせだ》の高等学院を受けさせました。現・宗務《しゅうむ》本部長の武田亮《たけだりょう》さんなどが勉強を教えて、受けさせたんですけれども。

あのときも……。いちおう早稲田も、慶應《けいおう》ほどではないものの、コネが多少はあるんですよ。早稲田大学の先生の子弟《してい》が来た場合、いちおう入れなければならないので。「クラスには七人ぐらい、早稲田の教授、助教授等をしている人の子弟がいた」と言っていました。これは絶対にコネで入っていると思いますが。

作文が一つあるんですよね。そこで得点の調整がつくようになっているようなのです。

私は学校に行って先生に会ったとき、「とにかく作文がすごくよくできて、さすがは大川隆法総裁の長男だと思います。最高に近い得点を付けたので、補欠Bになりました」と言われました（笑）。

与国　（笑）

大川隆法　「普通《ふつう》であれば、上位者が抜けていくので、補欠Bぐらいなら、最終的な合格になるはずです」というようなことを先生に言われたのです。「大川隆法総裁の長男だから、文才があるはずだ」ということで、高得点を付けてくれたわけです。

まあ、いちおうコネと言えばコネなのでしょうが、本人は理解していないと思いますけどね。

与国　なるほど。

「ウサギとカメ」の話の教訓が分からない宏洋氏

与国　でも、私は見ていて、確かに、何か宏洋氏にも才能があるかなとは思うんですよね。何かに長けているところはあるかもしれません。

ただ、その才能に驕《おご》ってしまっているわけです。

要するに、総裁先生が宏洋氏にお伝えしたかった『パパの男学入門』（前掲《ぜんけい》）などで、「ウサギとカメ」の話をされていて、これは人生の教訓の一つであるとお説きくださっているのですが……。

大川隆法　それがまだ分からないんですよ。

与国　まさに、ウサギになってしまっているところがありますよね。

大川隆法　ただ、これは実母からの学習観も入っていて、家のなかで統一されていなかったところもあるんですけれども。

あちらは医者を目指す者の教育法にしたかったわけです。前妻の実家は医者の家だったので、「医学部に行くには、二学年飛びぐらいで勉強しておかないと入れない」という考えがありました。

「普通は二浪《ろう》ぐらいしないと入れないけれども、そこに入りたかったら、二年飛びぐらいで勉強していくのがいいのだ」というようなことで、家庭教師をつけていましたね。隣町《となりまち》の小学校の先生や中学校の先生を呼んできて、家で家庭教師をさせていたわけです。先の勉強をさせれば、当然、学校の成績はいいですよね。

「もうすでにできる」ということで、そういう経験をしていました。まあ、そういうつもりで勉強をさせたところはあります。上の学年の勉強をさせるというようなことをしていたのですが、私も自分で本に書いているけれども、「小さい子は、勉強をしてもすぐに忘れる」ということが分からなかったところはあります。コロッと忘れていくところがあるんですよ。そのあたりは残念でしたね。

「論理的文章」「科学的文章」が読み書きできなくなった理由

大川隆法　あとは、宏洋は絵本をたくさん読みました。今もそういうことを勧《すす》めている人はいるから、有効なのかもしれませんが。

絵本をたくさん読みすぎたんですけれども、内容が分からないのに絵本を読んだわけです。

絵本には、論理性のない目茶苦茶《めちゃくちゃ》な話がたくさん入っていますよね。お化《ば》けがいっぱい出てくる話とか、こういうものが頭にたくさん入っているので、彼は文章を書いても、何だか変な文章が多いのです。「君のまなざし」風になってきて、最後は何が出てくるか分からないような感じになります。そういうものを小学校時代のころに書いていたんですよ。

普通の文章、論理的文章や科学的文章等が書けないし、読めないようなタイプにはなっていましたね。

与国　書けないし、読めない？

大川隆法　はい。下の子はできたのですが。

6　なぜ、地獄《じごく》的な映画ばかりを好むのか

宏洋《ひろし》氏がつくりたいのは「信者から怒《おこ》られるような映画」

与国　私たちは、あまりこういうことを言うべきではないと思うんですけれども、今年の下半期に宏洋《ひろし》氏の「グレー・ゾーン」という映画が始まります。いわゆる、暴力団の後継《あとつ》ぎ問題をテーマにした映画です。

大川隆法　入れ替《か》えみたいですね、あなたと。本当に。

与国　（笑）でも、始まったら、これは大コケするのではないかとは思っています。それで、これから毎年二、三本は撮《と》っていくそうなんですね。

大川隆法　（笑）それは儲《もう》かることを前提にして言っているのではないですか。赤字だったら……（笑）。

与国　赤字になることは考えていないみたいなんです。

大川隆法　かわいそうですね、そのあたりは。幸福の科学に置いてもらうだけで何億円も使わせてもらえるから、自由につくれたんだけれども。

学生時代はもう少し緩《ゆる》くやらせたのですが、社会人になってからあとは、だんだん厳しくはなってきているのでね。つまり、「信者のお布施《ふせ》を使って製作しているため、一定の意味のある作品でなければ駄目《だめ》だ」ということです。

ただ、彼が好きで観《み》るものは、意味のない作品側のほうが多いでしょう。どちらかといえば、そちらのほうがお好きではあると思います。映画も、マンガからできているものが多いのでね。
マンガのなかには、よいものもあるけれども、そうではないもののほうがやや多いわけです。
彼が惹《ひ》かれるようなものは、当会で上映したあとに信者から怒《おこ》られるような映画が多かったですね。

与国　そういうものをつくりたいみたいですね。

大川隆法　そうなんですよ。

与国　いずれにせよ、最終的には、結局、地獄《じごく》的というか……。

大川隆法　まあ、外に出てやってみたらいいですよ。そちらのほうがメジャーだと思っているんでしょう。

実際に、映画の賞などを取っている作品を観ても、そういうものはありますよ。地獄的なものや左翼《さよく》的なもののほうが賞をもらっていることはあります。

今年（二〇二〇年）の米国アカデミー賞は韓国《かんこく》映画の「パラサイト 半地下の家族」がもらったけれども、最後は、「臭《くさ》い」と言われただけで、寄生していた家の人を刺《さ》し殺したりするようなところで終わっていました。まあ、そういうものが多いですよね。

また、一昨年（二〇一八年）にフランスで賞をもらった日本映画の「万引き家族」も、非現実な話でしょう。「みな、万引きをしながら生活して、仲良く暮らしていました」というような話ではありません。最後は捕《つか》まることにはなっているものの、広めていいかどうかという問題はあるでしょう。

与国　ですから、「楽しければいい」という感じなんですよね。現代の日本の若者にありがちといいますか、「楽しければいい」「面白《おもしろ》ければいい」「売ればいい」という発想ですね。

大川隆法　それは普通《ふつう》のところで、すでにあるものはそういうものが多いだろうと思うから、そういうところに行ってつくればよいのではないでしょうか。

ただ、残念ながら、行ったところで、そんなに採用されないだろうとは思いますね。幾《いく》つかには脚本《きゃくほん》等を持っていったりしているのだろうと思いますが、結局、自分でやらざるをえなくなっているのは、おそらく採用してくれないからでしょう。

まあ、自分でされたらいいのではないですか。

もし、あのように言うのであれば、ほかのところで大成功しているべきでしょう。「そこに行ったらグーッと第一人者になれるのに、悪いけれども幸福の科学に来て、映画製作を手伝ってくれないか」と言われて呼ばれたということであれば、もう少し発言権があってもいいのかもしれませんが、できる仕事がないわけです。「ちょっと、こういうものでもやってみたらどうか」というようなあたりから始まっているなら、それはだいぶ誤解はあるでしょうね。

与国　はい。そうですね。

中学・高校時代から「友達を悪いほうに引きずる」という傾向《けいこう》があった

与国　最近では、何百人と殺した殺人鬼《き》の話の舞台《ぶたい》に出ようとしたりして、本当に常軌《じょうき》を逸《いっ》しているんですよね。

大川隆法　要するに、「何か〝反対〟、〝逆張り〟をすれば、配当率が高い」というような、そういうことを考えているのかもしれませんね（笑）。

与国　何かを見失ってしまっているのではないかとは思うんですけれども。

大川隆法　そうですね。あなたから見ると、本当に全部が逆に見えるでしょうね。

与国　見えます。「『正心法語《しょうしんほうご》』でめんこをした」という話も最初にありましたけれども、「私たちが、何をしたら嫌《いや》がるか」ということを知っていて、それを全部やってくるんですよね。ですから、本当に悲しいかぎりではあります。

大川隆法　あなたが不良をしていた間は、何かに反発していたのではないですか。

与国　私の場合は、単純に価値観が……。もう、志《こころざし》もなかったので、反発していたというよりも、申し訳ないですが、むしろ、それが正しいと思っていたというか……。洗脳というか、「そういう不良の世界で喧嘩《けんか》をすることが正しいことだ」と思っていたものですから。

でも、年が行くにつれて、「今後、これで突《つ》き進めば殺人等になってくるんだったら、そんなことのために生まれてきたのではない」と思って道を探していたところで、『太陽の法』（幸福の科学出版刊）に出会えたんですけれども。

宏洋氏は逆に、道を最初に教わっているはずなんですけれども、完全に……。

大川隆法　うーん……。ただ、それは中学校や高校時代でも、「友達を、悪いほうに外していこう、引きずっていこう」という傾向《けいこう》を持ってはいましたから。

「仲間を増やしたい」というのは、どこの不良の世界でもそうだろうし、地獄界でもそうですよね。仲間を増やそうとして、引っ張り込《こ》んでくるわけです。

おそらく、〝いい駒《こま》〟として使われているのだろうとは思います。憑《つ》いているものもいるだろうからね。

現在、宏洋氏に憑《つ》いている密教《みっきょう》系の悪魔《あくま》・覚鑁《かくばん》

大川隆法　宏洋に憑《つ》いているものは、京都にある桐山靖雄《きりやませいゆう》氏の阿含宗《あごんしゅう》にも入っていたけれども、桐山氏は四年前の二〇一六年に亡《な》くなったので、あそこでの仕事はなくなっていると思います。次の〝宿主《しゅくしゅ》〟、〝宿《やど》り主《ぬし》〟を探しているでしょうから、ちょうどいいあたりだろうと見ていると思いますよ。「即身成仏《そくしんじょうぶつ》」系ですのでね。

与国　なるほど。

大川隆法　宏洋に憑いている●覚鑁《かくばん》という悪魔《あくま》は、弘法大師空海《こうぼうだいしくうかい》の密教《みっきょう》の流れのなかに出てきた人です。「中興の祖」ともいわれていますが、実際上は高野山《こうやさん》の高弟《こうてい》たちや在家《ざいけ》信者、武家たちにも追われて追い詰《つ》められ、洞窟《どうくつ》のなかで弓矢を射かけられて非業《ひごう》の死を遂《と》げたとも言われる人です。

●覚鑁（1095～1143）　平安時代後期の密教僧。高野山金剛峯寺《こうやさんこんごうぶじ》の座主《ざす》であったが、高野山を追われ、根来《ねごろ》にて拠点を構え、後の新義真言宗《しんごんしゅう》の祖となった。死後、悪魔となり密教系の新興宗教団体を支配している。『黄金の法』『エクソシスト入門』（共に幸福の科学出版刊）等参照。

まあ、長谷寺《はせでら》のように景色のきれいなところを本山《ほんざん》として持っていて、観光で行く人もいるでしょうから、あまり言ってはいけないとは思っているのですが。

要するに、対抗馬《たいこうば》で、念仏宗《ねんぶつしゅう》など、そういうところは「『南無阿弥陀仏《なむあみだぶつ》』を称《とな》えるだけで極楽《ごくらく》に行ける」などと言っているし、日蓮宗《にちれんしゅう》は「『南無妙法蓮華経《なむみょうほうれんげきょう》』を唱えるだけでも天上界《てんじょうかい》に行ける」と言っているわけです。「空海がやっているようなことはまどろっこしくて、『悟《さと》りには十段階ある』とか、もうやっていられない」という感じでしょう。

ですから、覚鑁は、「『南無阿弥陀仏』を称えるだけで即身成仏できる」というような思想をつくったんですよ。そのため、高弟たちが「許さない」ということで、殺しに来るわけです。

そういう意味で、宏洋のような人は、昔なら殺されているんですね。

なお、●西行《さいぎょう》という人が本当に宏洋の過去世《かこぜ》かどうかについては、私は検証していないので分かりません。もし、そうだったとしても、彼は〝覚鑁宗〟なんですよ。

●西行（1118～1190）　平安時代後期から鎌倉時代初期の歌人・僧。

覚鑁の流れのなかにあるので、縁《えん》がとても深いものはあるわけです。

死ぬところまで見なければ、人は分からない

与国　宏洋氏の過去世が西行であるというのは、宏洋氏自身が霊言《れいげん》で言われたことでしょうか。

大川隆法　うーん。いや、自分で言ったかどうかはちょっと分からないけれども、何かの折に出たものかとは思いますね。

与国　なるほど。

大川隆法　ただ、過去世として出ているものは、仮にそうだとしても、全部が「ドロップアウト型」ばかりなので、「傾向性としては、そういう人だ」ということを

言っているのだろうと思います。

とはいえ、それぞれの過去世について、本当に本人かどうかということは、〝三角測量〟をしていないので違《ちが》っているものもあるかもしれません。やはり、ある程度、今生《こんじょう》が終わってみないと分からないところはあると思います。

まあ、「直前世《ちょくぜんせ》はカフカ●だ」と思っているのかもしれませんが、「変な小説を書く」というところで似ていると思いたい気持ちはあるのでしょう。

ただ、それでもカフカの文学をほめる人もいますからね。「二十世紀最大の文学者」というように言う人も、いることはいるわけです。

彼自身の頭だと、カフカなんかは難しくて読めないだろうと思います。とても難しくて、何を言っているか分からないでしょう。

したがって、このあたりはみな、もしかしたら、「勇気の原理」で言われたことなのかもしれません。とにかく、死ぬところまで見ないと、人は分かりませんからね。

●カフカ（1883 ～ 1924）　ユダヤ系のドイツ語作家。

もちろん、長命だった場合、何段階かの人生があるかもしれないので、それは分からないけれども。親鸞《しんらん》は九十歳《さい》まで生きていますが、「前半だけであれば、自分は確実に地獄の底まで行く」と思っていた人生を生きているので、それは今のところは分からないですけどね。でも短命を願っている人が多いらしいですね。

よいことをしても、その後の行為《こうい》で「徳切れ」が起こることもある

大川隆法　ただ、宏洋が「悪魔の道具」として使われているのは確実だと思います。それを外すには、信仰心《しんこうしん》を捨てたら絶対に駄目なのです。「信仰心」と「精進《しょうじん》」、「教学」、「仲間」や「法友《ほうゆう》」がいること。このあたりがないと、一人では護《まも》れないんですよ。私はすでに、そうなったほかの人をだいぶ知っているわけです。護れなくなります。

残念ですが、信仰心がない人は救えない場合もあるんですよ。

それは、芥川龍之介《あくたがわりゅうのすけ》の「蜘蛛《くも》の糸」のようなものです。

お釈迦《しゃか》様が、「カンダタという人は一つだけよいことをした。蜘蛛を踏《ふ》み潰《つぶ》すことをやめたのは、よいことだ。だから、救ってやろうか」と思って、地獄に蜘蛛の糸を下ろします。カンダタは糸をよじ登って上がってくるのですが、下からはたくさんの亡者《もうじゃ》がゾロゾロと上がってくるので、「こらっ！　俺《おれ》の糸だから、おまえらは手を放せ！」というようなことを言ったら、それで徳が切れてプチッとなって、カンダタは落ちてしまうのです。そういう話がありましたね。

これは「徳切れ」というものです。

要するに、何かよいことは、みな少しはしているんですよ。もちろん、悪いこともしているでしょう。総量でよいことのほうが多くないと、天国には還《かえ》れないんですけどね。

例えば、「事務局長をしました」「理事長をしました」「広報局長をしました」など、いろいろあるかもしれない。よいことをしたこともあるし、よい仕事をしたこともあるかもしれない。ただ、その後、「悪い仕事も長かった」ということになると、総量的に見て、「徳切れ」というものが起きるんですよ。

「徳」というのは、やはり、一種の貯金なのです。その人の持っている「人生の貯金」で、これは「後光《ごこう》のもと」なんですよ。徳を積んでいる人には後光が出ています。

ただ、徳が切れることもあるんですよ。「この間は頑張《がんば》ったけれども、そのあとがひどかったし、それが長すぎる」ということがあるのです。

あなたは、もしかしたら前半はマイナスの人生、〝借金〟だったのかもしれませんが、途中《とちゅう》から今度は〝貯金〟をするほうに、今は変わってきているのだろうと思います。

与国　はい。

大川隆法　やはり、「徳切れ」は宗教には起きることなので、知っておいたほうがいいでしょう。

そういう意味で、あるときにある人が選ばれて偉《えら》くなったりしたことは、それ自体が必ずしも間違っているわけではないんだけれども、その後の行為《こうい》全体を通してみたら、その人の徳が切れてしまうこともあるわけです。

「大川家に育った」ということは、ほかの人よりも宗教的に真理に近づくチャンスは多かったかもしれないし、もしかしたら、ほかの人が聞いていないようなことを知っていたこともあったかもしれません。でも、それをすぐに使い尽《つ》くしてしまうんですね。消費してしまうわけです。

組織を持っているところでは「体系的努力」が必要

大川隆法　特に宏洋のような人の場合は、体験型の人間なので、小説を書いても、自分の体験を書いたら種が尽きてくるタイプの人なんですよ。

ですから、一冊か二冊書いたら、あとは書くことがなくなるタイプなのです。要するに、勉強や教養でもって書くのではなく、体験したことを書きたがる気《け》があるので、今はだいたい、マンガを読んで、その〝パクリ〟でつくっているような感じでしょうか。マンガと、ほかのところからの映画一本ぐらいをくっつけて、つくっていると思います。

与国　はい。おそらくそうだと思います。

大川隆法　そのくらいのレベルでやっていると思うのです。これでは、プロとしてはもちませんん。

特に、幸福の科学のような組織を持っているところでは、そんなものでは全然もたないので、もっとずっと続いていくような「体系的努力」が必要なんですよね。

このあたりのところは教えてあげたいのですが、教えるレベルまで来ないのです。教わるレベルまで来ません。そのもっと下までしか来ないわけです。彼は、右から左にパパッとやりたいような感じで生きていて、その浅瀬《あさせ》で満足しているので、もうしかたがないですよね。

7　教団を批判しながら、財産分与《ぶんよ》を欲《ほ》しがる矛盾《むじゅん》

社会人教育として、「大人の作法《さほう》」を教えなければいけない

与国　私が、世の中にいちばん言いたいこととして、世の中の人たちは、総裁先生の、宏洋《ひろし》氏に対する愛情を知らないではないですか。ですから、宏洋氏は、総裁先生が非常に厳しい処置を取っているというようなことを言うわけですよね。

ですが、総裁先生は、常に愛情を持って助けようとしたり、善導しようとされたりしています。今は、裁判などが起きてはいますが、これは、宏洋氏があれだけやるので、幸福の科学の組織として、やむをえずしているところがあって、宏洋氏は、大川隆法総裁先生というご存在に対して、愛をもらっておきながら、「悪人なんだ」というようなことを言っているところ……。

大川隆法　いや、これは教育の一環《いっかん》なんですよ。ですから、社会人教育が足りていないので、「こういうことをすると、一般《いっぱん》社会では訴《うった》えられるんだよ」ということを教えているのです。

与国　なるほど。社会人教育。

大川隆法　彼を更生《こうせい》させるためには、それを教えなければいけないんですよ。一般社会に出て、大人になってから、ほかの人の悪口を言ったり、会社の悪口などを言い続けたりすると、それは必ず、ただでは済まないのです。
まあ、あなたの行ったような闇《やみ》世界から反撃《はんげき》が来る場合もあるけれども（笑）。

与国　いやあ（笑）。

大川隆法　それ以外の表世界では、訴えられるなり、ほかのところも就職先を失うなりしていくものなのです。彼の場合、「甘《あま》え」があるから、そういうことはないと思っているのだろうけれども、「間違《まちが》い」というものを教えなければいけないわけです。

特に勉強はしていないのでしょうが。青学《あおがく》の法学部は、女の子が半分いて、プリントだけで授業をして、教科書も使わないぐらいのところですからね。

与国　そうなんですか。

大川隆法　おそらく、勉強していないと思います。彼は、離婚《りこん》のときの財産分与《ぶんよ》など、そういったことばかりゼミでやっていました。

離婚のときに取られるかどうかなど、そんなことばかり詳《くわ》しいのだけれども、あとは全然知らないのです。

本当は、法学部を出ているのなら、「社会人としてやっていいことと悪いこと」というのは、分からなければいけないことですよね。

彼が使っていると思われる弁護士さんも、もうだいぶ前から、「やめたほうがいいよ」と言っているのに、やり続けているのだろうから、「大人の作法《さほう》」を教えてあげないといけません。

「男の生き方」を教えたいのですが、残念だけれども届かないので、この世で分かるようにしてあげなければいけないということです。

人に仕えることができず、公私を分けられない宏洋氏

大川隆法　彼は、基本的に、人の言うことをきかないし、人に仕えるのが嫌《いや》なので、自分で事業を起こしてやりたがるタイプなんですよ。

ただ、自分で事業を起こしてやっても、人が使えなければ駄目《だめ》なのです。人が使

えて、採算が分からなければ駄目だし、それから、価値が分からなければ駄目な世界なので、基本的にそちらのほうに行きたがるのでしょうが、倒産《とうさん》する破滅《はめつ》型人生になると、親のほうは見ていました。ですから、「どこか、そうならない居場所がないか」ということを探《さぐ》ってはいたんですけれどもね。結局、「人に仕えることは嫌だ」ということでした。

「人に仕えるのが嫌だから」ということで、いちばん上へ上へと上がりたがるのですが、いちばん上に上がっても、今度はまた、すぐ、世間《せけん》の新聞や週刊誌のようなものにパワハラやセクハラといったことがたくさん出てくるのに、自分には関係ないと思っているらしいのです。

社長にして、例えば、猫《ねこ》に魚屋の留守番をさせているような感じになるのであれば、これは駄目ですよね。

与国　なるほど。

大川隆法　芸能事務所の社長が、女優さんやタレントさんなどが来たら、みんなを自分の漁《あさ》る対象にするようなら、残念だけれども、番はさせられませんね。

与国　なるほど。猫に魚番（笑）。

大川隆法　猫に（笑）。それは無理なんです。周りが許さないのは当然です。公私を分けなければいけません。

実母が子供のために積み立てていた預金

司会　今、総裁先生から、宏洋氏に非常に慈悲《じひ》をかけられてきたというようなお話があったのですけれども、三十三本の「宏洋氏に物申すシリーズ」のなかで、一般の方にいちばんヒットしたのが、「実は、宏洋氏がお金をたくさん持っている件」

という動画です。

大川隆法　そう。嘘《うそ》をついていたんでしょう。

司会　こちらが、いちばん視聴《しちょう》回数が多いのです。

また、それをもって、「お金をたくさん与《あた》えるほうが悪い」というようなことを言う人たちもいるのですけれども、その背景の部分と、総裁先生のご慈悲のところの関係について、お教えいただければと思います。

大川隆法　これは、実母に感謝すべきですね。実母のほうが、財産分与を、子供に対する積み立てとしてやろうとしていて、生まれたときから毎月積み立てをしていたのです（もちろん、総裁の給料を丸ごと横取りしてやっていたはずです）。

与国　そうなんですね。

大川隆法　長男がいちばん多くなっているのは、そのためなんですけれども、五番目の子まで、財産分与の分を積み立てしていたんですよ。

それだけのことなんです。ですから、これは、実の母のほうに感謝しなければいけないわけなのですが。

まあ、それをしたからといって、最初に考えていた節税効果も何もないらしいというようなことが分かり、途中《とちゅう》でやめているため、上ほど多くて、下は少なくなっているわけです。

ですから、そういうつもりで始めたようではありますけれども、途中までで終わっていますね。ただ、彼がいちばん長いので、お金を持っているということです。

与国　財産を分与することを、すでに先にやっていたのですね。

大川隆法　そうそうそう。積み立てていたわけです。

与国　積み立てていた。

大川隆法　ということは、ある意味では、先の家内の場合は、教団が潰《つぶ》れることも考えていたのだということです（笑）。そして、もう一つは、おそらく、子供たちが教団から追い出されることも考えていたと思います。勉強を見ていて、「追い出されるのではないか」と。

というのも、弟子《でし》に高学歴が多いからです。あなたも困っているかもしれませんが。

与国　いやいやいや（笑）、はい。

大川隆法　何かゴロゴロいるでしょう。仕事はできないけれども、学歴だけはすごいということがあるではないですか。

やはり、そういう人は、けっこう下に見るのです。年齢《ねんれい》的にも下だけれども学力も下だと、尊敬しやしないので、そんな人が仕えてくれるわけがありません。

それで、母親のほうは、「父親がいなくなったら、追い出されるのではないか」と思っていたところがあるので、そのときのために積み立てをしていたんですよ。

与国　なるほど。

大川隆法　ええ。ですから、その親の愛は、少しは知ったほうがよいでしょう。それを、くだらない映画をつくろうとしているのでしょう？

与国　映画や、バーも経営しております。

普通《ふつう》の若者のなかで、今、親からそういう財産をもらえるという人は、けっこういなくなってきていますので、非常に恵《めぐ》まれているんですけれどもね。

大川隆法　そうです。

印税も入らず、資本金も使わずに始めた幸福の科学

大川隆法　私も、幸福の科学を始めるときに、何千万円ともらっていたら、すごく始めやすかったですよ。

与国　はい。

大川隆法　事務所を借りられるし、人も雇《やと》えますからね。

私は、資本金を使わずに始めました。ですから、膝《ひざ》を屈《くっ》して、本当に低く低くして出ていたのです。八六年の十月六日に、文房具《ぶんぼうぐ》代などで三万円を借りて、それもすぐに返しましたけれども、それくらいしかないんですよ。

あとは、貯金も持ってはいましたが、サラリーマン時代の貯金といっても、本当に、三百万円か三百五十万円か、そんなものでした。結局、それは使いませんでしたけれどもね。

十一月二十三日に最初の座談会を行い、そのときに、全国から八十七人が集まって、百万円弱ぐらいの資金になったんですよ。

与国　はい。

大川隆法　私が手書きで書いたものをワープロ原稿《げんこう》化し、紐綴《ひもと》じにした小冊子を積み上げていて、それを、一冊二千円とか三千円とかで買っていただいて、九十六万円ぐらいの資金ができたのです。これによって、次の、翌年の三月八日に、牛込《うしごめ》公会堂で講演会を始めたり、四月から月刊誌を出したりする元の費用ができて、人を二人ほど雇いました。それも、五万円のアルバイト料で、ほかの仕事をしながら手伝ってもらうというかたちで始めたのです。また、一年間、自分には給料を払《はら》わずにやっていました。

このように、こちらは「資本金ゼロ」でやっているのですから、そんな何千万円もあったら楽でしたよ。

与国　はい。

大川隆法　霊言集《れいげんしゅう》が出ていまして、その印税などもあったのですけれども、父親の名義で出していたので、収入はあちらのほうに入っていました。

実は、私が幸福の科学を始める一年前に、霊言集がなかなか発刊できないので、焦《あせ》った父が兄と一緒《いっしょ》に学習塾《じゅく》を始めてしまっていたため、本が出ても、それに、自分の退職金も印税も、すべて投入していたのです。

ですから、実は、最初期の八冊の霊言集の印税は、幸福の科学には一円も入っていないのです（笑）。

与国　一円も入っていないのですか。

大川隆法　一円も入っていません。

与国　へえー。

大川隆法　まったく入っていないのです。それでも、徳島新聞社には、広告代の踏《ふ》み倒《たお》しがまだ残っていたぐらいなので、塾の宣伝代が取れませんでした。

与国　なるほど。

大川隆法　ですから、それも同じでして、やはり、父親の退職金と幸福の科学の本の印税とを合わせて学習塾を始めて、潰していくというタイプでしょうか。人を十人も雇って、駅前の一等地を借りて、兄と父とで始めたのですが。

確かに、霊言集が出るのがもう少し早ければ、いけた可能性はあったのでしょうが、たま出版に断られて、発刊が一年後になったのです。ですから、あちらが始めたあと、幸福の科学を始めたので、向こうはすでに一年たっていたのですが、もう赤字になっていて、「このままだったら倒産する」ということが見えている段階でした。

そして、私に「会社を辞《や》めてくれるな」と言っていたほうなんです（笑）。「辞めなければ借金を払えるから」ということですが。

与国　（苦笑）

大川隆法　「借金を払える」とは言いますが、事業で負う借金の額が、ものすごく多いわけです。それこそ、当時で二千万円ぐらいの借金をつくって潰れていますけれども、サラリーマンだと、二千万円を払うのでも、けっこう長く拘束《こうそく》されます。もう本当に、二十年ぐらいは拘束されるほどのものですから、それでは幸福の科学を始められないので、こちらも「エイ、ヤア！」で始めなければできなくなるなと思って、ギリギリのタイミングで始めました。

結局、人の家の一間《ひとま》を借りて、タダで始めたので、最初は、その人からの横槍《よこやり》なども入りましたしね。ヨガと一緒にやらないといけないような感じで始まったりもしたし、ほかの教団から来た人たちのほうとも、だいぶ迎合《げいごう》してやらなければいけないところもあったし、まあ、いろいろありました。

宏洋氏と実母の類似点《るいじてん》

大川隆法　それから、あとは、八八年にきょう子さんと結婚をしました。あの人も、共同経営者のような言い方をよくするんだけれども、その前にはすでに講演会もしていたし、本も出ていたのです。

あの人は、高橋信次《たかはししんじ》のＧＬＡというところのほうに、ビデオ会か何かを観《み》に、浅草《あさくさ》まで一回行ったら、向こうの信者の人に『太陽の法』（前掲《ぜんけい》）を紹介《しょうかい》されて、「これを読むといいよ」と言われ、『太陽の法』を読んで西荻《にしおぎ》にやって来ました。

与国　そうなんですか。

大川隆法　ええ。そういう経緯《けいい》なのです。その当時、私はすでに、日比谷《ひびや》公会堂で二千人を集めて講演会を行《おこな》っていたレベルなんです。ですから、共同経営者でも何でもないのですが。

与国　なるほど。

大川隆法　もう、そのまま大きくなっていたレベルなのです。

与国　ああ。

大川隆法　そのときも、彼の母親は、自分がやりにくいので、先にいた人などをみんなクビにしていたのですが、やはり、息子《むすこ》も同じ傾向《けいこう》があって、自分より年上の人をみんなクビにしたがるのです。特に、新卒で当会職員として入ったときあたりは、二十三歳《さい》より年下しか使えないというので、使える人がもうほとんどいなくて、学生ぐらいしかいないので。このあたりが難しかったところですね。

与国　なるほど。

大川隆法　まあ、親と自分を、あまり変わらないと思っているのでしょうが、実際はどのくらい違っているかということは、本当は、世間の、遠くにいる人のほうがよく分かっているはずなんです。

与国　本当にそうなんですよね。

死後の遺産相続は、すでに予定が立っている

司会　宏洋氏が、動画のなかで他のごきょうだいやお父様への悪口をたくさん言っているのですけれども、それでも、まだ「遺産をよこせ」と言い続けています。

大川隆法　いちおう、それが「狙《ねら》い」なんでしょう。お金さえあれば活動はできますから。

司会　そうですね。それでも遺産をもらえるのではないかと思っている、その背景にある彼の気持ちというのは、どこから出てきているのでしょうか。

大川隆法　それは、本当に、かたちだけは法学部を出ているということで、財産分与は平等になされると思っているんだと思います。ただ、「このままだと弟妹《ていまい》のほうに取られてしまって、自分に来ないのではないか」とも思っているのでしょう。しかし、残念ながら、私は自分の収入をどんどん教団に寄付しているので、財産は増えないのです。

以前、法務室も絡《から》めて、私の死後の遺産相続について書いたもののなかで、私は基本的に、「財産はすべてキャッシュに換《か》え、教団に寄付する」ということを入れています。ですから、子供には誰《だれ》にも、現金としての財産分与はありません。「ゼロ」です。

その意味では、先に積み立てをしてもらったものの多い者が〝勝ち〟で、彼がいちばん得はしているのでしょうけれども。

基本的にはそういうことで、財産については、取るものがないように、私のほうはなくす方向でやっています。

法務室長からは、特に、「死ぬ一年前には、ここまで減らしておいてください」というようなことを言われています。「これ以上あると子供のほうに分配される可能性があるので、死ぬ一年前にはここまで減らしておいてください」という数字まで言われているので、子供たちには、現金等は渡《わた》りません。

また、施設《しせつ》はすべて幸福の科学の所有物です。

職員でも、引退しても名誉職《めいよしょく》等でいる人もいるかもしれませんけれども、幸福の科学の職員や信者でなくなったら、基本的に、幸福の科学の施設は許可なく使えないことになります。「信仰《しんこう》を捨てました」と言うのは結構ですが、「では、自立して、すべて自分でやってください」ということになるわけです。ですから、今、彼にはお金は入らない予定になっています。自分で事業をして倒産したら、それまでです。

与国　なるほど。

「自己愛」が自分を転落させることに気づかない人は多い

司会　それでは、そろそろお時間が近づいていますが、最後に、「人はなぜ堕《お》ちてゆくのか。」というテーマに関して、一言《ひとこと》頂けたら幸いです。

大川隆法　まあ……、「自己愛」でしょうね。もう本当に限りない自己愛があるのでしょう。

自分を愛しているつもりで、その自己愛が自分を転落させていっているということに気がつかない人が、世の中には多いのです。

本当は、「より多く捨てた人が、より多く受け取れる」のです。ところが、より多く自分のものにしようとした人は、そういうものが自分の腕《うで》からすり抜《ぬ》けていって、ほかの人のものになっていく。この現実が分からないというのは悲しいことですね。

宏洋の最大の欠点は、長年いたにもかかわらず、もう三十一歳だと思いますが、とにかく、私の教えを学んでいないということですよ。勉強していない。本を読んでいない。説法《せっぽう》も聴《き》いていないんですよ。CDもDVDも、まったく聴いていないのです。

ただ、そういうことを言うのは、「水面下には、二代目教祖のような願望がまだある」のでしょう。

でも、彼が欲《ほ》しいのは、「組織」や「建物」、「お金」、あるいは、「権力を使って自分の好みの異性を押《お》さえ込む」ようなことだろうと思います。

残念ですが、当たり前のことを当たり前にやらなかった人、例えば、夏の間に、アリのようにせっせと砂糖を巣穴に運ばなかったキリギリスは、夏から秋の間は、バイオリンを弾《ひ》いて暮らせても、冬になったら死に絶えることになるということです。そういう傾向の人ですよね。

これは、安倍《あべ》首相にも多少見える傾向ではあります。

残念ですが、「ボンボンの堕ちやすい穴に、ズバリ堕ちている」ということでしょう。

これから、貧しさを経験なされると思いますが、そのなかで終わりになるのか、そこから何か気づくものがあるのか、世間の悪口を永遠に言い続けるだけなのか。あるいは、そこまで行っても、幸福実現党などが自助努力の教え等を言っていることがまだ分からずに、「もっと金をよこせ」と言うような人間になるのかどうか。やはり、このあたりのところを試《ため》されているのでしょう。

まあ……、ナルシストですからね。

しかし、その美しかった顔もだんだんに醜《みにく》くなってきているという噂《うわさ》が立っているので、内面が外に出てきているのでしょう。『ドリアン・グレイの肖像《しょうぞう》』のように、心の姿によって絵の顔が変わっていくように、だんだん変わっていっているのではないでしょうか。

親の最大の遺産は「法」なのです。「この教えを学ばずして、何の遺産をもらうべきか」ということです。最も有利な立場にいて、最も不利なことをしている。それには、それなりの代償《だいしょう》は来るだろうということです。

〝蜘蛛《くも》の糸〟は切れることもあります。私は何回も垂らしました。何度も何度も垂らしましたが、残念ながら、すでに教団も公器になっています。私も、まだまだやるつもりではいますけれども、けっこう年を取りましたので、いつ死んでも教団が続いていくようにしていかなければいけません。そういう考えは、おそらくは想像もできないのだろうとは思いますけれどもね。

まあ、残念だなと思っています。

また、私自身は、何もかもすべて自分でやらなければいけないというようなタイプではなく、ほかの人に教えて、できるようになったら任せていくタイプではあります。

ですから、映像事業も、例えば、彼ができるようになっていけば、渡していく可能性は十分にあったのですが、そこまで達していなかったということを自分で理解できないのが残念です。今はそれを味わっているところなのでしょう。

もし、教団で、彼が何十人もの人を養わなければいけないとしたら、とてもではありませんが、彼の映像事業力ではやっていけません。これを分かっていないから、彼には全権は下ろしていなかったわけです。

しかし、できるようになればきちんと下ろしていくのが、私の基本的なスタイルです。ですから、決して、〝親父《おやじ》〟が映画をやりたくて、やっているわけではありません。それが事業として独立してやっていけるところまでやるのが、自分の仕事だと思っているのです。

ほかのところもすべてそうです。新規にやるときには、自分で、「方向づけ」と「ある程度回っていくところ」「人材の養成」まではやっていますが、「回っていくようになったら、もう口は出さない、命令はしない、黙《だま》って見ている。ただ、危機のときには助ける」というようなスタイルが、基本的には私のスタイルなので、仕事をもらうとしたら、いちばんもらいやすいタイプではあるのですけれども、焦りすぎたと言うべきでしょうか。

あとは、世間をなめ、親をなめていたというところもあるのでしょう。

与国　はい。

三十歳《さい》以上も年の違《ちが》う子が後を継《つ》ぐのは、そう簡単ではない

大川隆法　あなたのご両親はどうだったんですか。ご両親はいらっしゃったのですか。

与国　いちおういます。

大川隆法　まだ生きていらっしゃるんですか。ああ、そうですか。

与国　はい（笑）。

大川隆法　ご両親は、あなたの生き方について、何か言っていましたか。

与国　いえ、もう本当に放置でした。

大川隆法　放置ですか。

与国　はい。

大川隆法　わが家も放置なんですけれどもね。基本は放置なんです。

与国　もう、まったくの放置でした。

大川隆法　ああ、そうですか。諦《あきら》めていた？

与国　いえ、諦めているというよりも、親が遊んでいたので。

大川隆法　あっ、親が遊んでいた？　なるほど。

与国　そちらのほうの「放置」なんですよね。

大川隆法　ああ、そうですか。それはいいねえ。

与国　いえいえ……（笑）。

大川隆法　イギリスの貴族なども、親が、夜、パーティーをして遊ぶから、子供に見せてはいけないということで、小学校一年から全寮《ぜんりょう》制の学校に入れてしまい、親が、夜、遊べるようにするんですね。そして、夏休みやクリスマスなどのときにだけ帰ってくるようにしています。

ただ、日本は、さすがにそこまではなかなかできないところが多いですけれどもね。そういった親子の問題もあるし、それから、「事業をやり続ける能力とは何なのか」という問題もあるし、人材選択《せんたく》の問題もあると思います。

また、私の子供もあと四人残っていますが、これからも〝厳しい絞《しぼ》り〟はかかっていくでしょう。弟子たちの能力等との比較《ひかく》の問題もありますので。

会社を経営していても、社長が教えた番頭さんなどが、だいたい上を張っていることが多いのです。本当は、三十歳《さい》以上も年が違《ちが》う息子などが継《つ》ぐのは、そう簡単ではないんですよね。ですから、よく、独立されて別の会社ができたりするわけです。

宗教でも実際に、そういう分裂《ぶんれつ》は数多く起きています。

これも、もし、彼がもう少し教学をやっていて悪魔《あくま》に入られたという感じだったならば、すでに別教団の旗揚《はたあ》げに入っているところでしょうが、今は、その代わりの中間点ぐらいで、「劇団」や「映像事業」など、そういう〝部分戦〟でやっているのでしょう。

与国　なるほど。

大川隆法　今は、いちおう別教団づくりのようなところがあって、こういう事業で食べていけなくなったら、最後は、もしかしたら、「霊言ができる」などと称《しょう》し、憑《つ》いているものが言えば、ほかの悪霊《あくれい》教団のところのようなものができる可能性もあります。

マスコミ等があまり甘すぎるのも、若干《じゃっかん》、問題があるかもしれませんね。

与国　戦ってまいります。

大川隆法　はい。

「自《みずか》ら堕《お》ちていく者」を止めることはできない

与国　今日は、ありがとうございました。

実は、最初から緊張《きんちょう》しっぱなしで、本当に申し訳ありませんでした。

大川隆法　あっ、いやいやいやいや。「関東一強い男」と、鉢合《はちあ》わせするというのは、これは大変なことだなと思っていました。

与国　いやいやいや（笑）。最後まで、もう上がりっぱなしでした。ありがとうございました。

これからも、広報局で、「エル・カンターレのご存在」をＰＲしてまいります。

大川隆法　当会は、組織が大きくなった分、やはり、多少用心深くなって、官僚体《かんりょう》質化してきてはいるので、あなたのような人は必要だろうと思うんですよ。一人だけではちょっと無理かもしれませんが、ほかにも必要だと思います。やはり、勇気を持って、責任感を感じて、発言したり行動したりする人は要《い》ると思います。その意味での人事でもあるので、いちおう考えてください。

彼が毎日投稿している動画のようなものを、組織全体ではいちいちやれませんの

●エル・カンターレ　地球系霊団の至高神。地球神として地球の創世より人類を導いてきた存在であるとともに、宇宙の創世にもかかわるとされる。現代日本に大川隆法総裁として下生《げしょう》している。『太陽の法』『信仰の法』（共に幸福の科学出版刊）等参照。

で、誰かが部分的にきちんと反論したりして崩《くず》していかなければいけないのではないでしょうか。

世界の人たちを救おうとしてやっているのに、その足を引っ張るような仕事は、許されるべきことではないと思います。

与国　はい。

大川隆法　最後は、来世《らいせ》が来ますけれどもね。

今はこの世が楽しくてしかたがない時代でしょうから、「来世がどうなろうと、今が楽しくなければ駄目だ」というお考えなのでしょう。ただ、それは、世間一般の普通のお考えですよ、ということです。

与国　そうですねえ。

大川隆法　街に出れば、そういう人ばかりですよ。渋谷《しぶや》のスクランブル交差点あたりで聞いてみれば、そういう人ばかりです。

千眼美子《せんげんよしこ》さんが言っていたように、「今はむしろ、宗教をやることのほうがロックなんだ」ということです。

「自由に生きる」なんて、もうすでに当たり前のことで、古い生き方をしているのです。彼がやりたいようなことというのは、私の若かった時代の、八〇年代のバブルの時期に、みんながやりたかったことなんですよ。

与国　私もそう思います。

大川隆法　今やろうとしているのは、これは、もうかなり古いんです。

与国　彼を見ていると、古いし、後《おく》れています。

大川隆法　ええ。もう「さとり世代」といって、もっと枯《か》れている人たちが大勢出てきている時代なんです。

まあ、お気の毒だなあとは思いますが。

すべては見切れませんので、できる人が、言うべきことは言ってやってください。

でも、やはり、「自《みずか》ら望んで堕《お》ちていく者」を止めることはできませんので、そういう声（救いの声）がかかったということを、どうか本人に覚えておいてほしいと思います。

与国　はい。ありがとうございました。

司会　ありがとうございました。

「霊言現象《れいげん》」とは、あの世の霊存在の言葉を語り下ろす現象のことをいう。これは高度な悟《さと》りを開いた者に特有のものであり、「霊媒現象《れいばい》」（トランス状態になって意識を失い、霊が一方的にしゃべる現象）とは異なる。

なお、「霊言」は、あくまでも霊人《れいじん》の意見であり、幸福の科学グループとしての見解と矛盾《むじゅん》する内容を含《ふく》む場合がある点、付記しておきたい。

第2章

佐藤《さとう》順太《じゅんた》の霊言《れいげん》

二〇二〇年三月十日　収録

幸福の科学　特別説法堂《せっぽうどう》にて

佐藤順太《さとうじゅんた》

英語教師。東京高等師範《しはん》学校卒。旧制中学で教鞭《きょうべん》を執《と》り、戦時中は隠棲《いんせい》していたが、戦後、英語教師の需要《じゅよう》増加により、山形県立鶴岡《つるおか》第一高等学校（現・山形県立鶴岡南高等学校）に復職。教え子の一人である英語学者の渡部昇一《わたなべしょういち》氏が生涯《しょうがい》の恩師と仰《あお》ぐほど、その知的な生き方は大きな影響《えいきょう》を与《あた》えた。猟銃《りょうじゅう》や猟犬に詳《くわ》しく、百科事典の執筆《しっぴつ》や翻訳《ほんやく》、専門誌での連載《れんさい》等をしていたことでも知られる。

質問者

大川紫央《おおかわしお》（幸福の科学総裁補佐《ほさ》）

［役職は収録時点のもの］

1　渡部昇一《わたなべしょういち》氏の師・佐藤順太《さとうじゅんた》氏に「宏洋《ひろし》問題」を訊《き》く

宏洋氏は一言《ひとこと》で言って「愚息《ぐそく》」

（編集注。背景に、『仏説《ぶっせつ》・正心法語《しょうしんほうご》』のCDがかかっている）

佐藤順太　佐藤順太《さとうじゅんた》です。

大川紫央　いつもありがとうございます。

佐藤順太　はい、しばらくぶりになるかな。

大川紫央　そうですね。

佐藤順太　まあ、あんまり生産性のない議論のようなので、私のような無名の人のほうがよろしいいんじゃないかと思ったんですがね。あんまり大きな、偉《えら》い方がやると、相手が立派に見えるとよろしくないいんじゃないか……。

大川紫央　そうなんですよ。あまり大きくは見せたくないですよね。

佐藤順太　まあ、一言《ひとこと》で言って、「愚息《ぐそく》」です。もう、この言葉に尽《つ》きています、ほぼな。そりゃあねえ、まあ、世間《せけん》の人は、半分以上は愚息なんですよ。そのなかに入ったというだけで。二つに一つですけどね。

大川紫央　確かにそうですね。「いい息子《むすこ》になるか、愚息になるか」ですね。

佐藤順太　まあ、愚息の数は多くてねえ。最近は、大学までやっての愚息というのが実に多くてねえ。昔は、大学に行くのは百人に一人ぐらいだったからねえ、値打ちもあったんだが。

大川紫央　確かに、大学にまで行かせてもらったのに、感謝するのではなくて、「行かされた」「勉強させられた」「しごかれた」と。

佐藤順太　ハハッ（苦笑）。まあ、日本一（の水準）の学費の大学に行かせてもろうて、よう言うね。

大川紫央　そうですね。

佐藤順太　ええ。ちゃんと返してから言えって。

大川紫央　宏洋氏は、自分の息子の養育費すらケチっているのに、なぜそんなことが親に向かって言えるのかが、私には分かりません。

佐藤順太　『幸福の科学との訣別《けつべつ》』じゃなくて、『幸福の科学への返済』と題して出すべきだな。

大川紫央　うーん。そうですね。

佐藤順太　返済計画を発表すべきだな、本当はな。

大川紫央　宏洋《ひろし》氏は、説得しようとしても、何かそういうことを言われ始めると、いつも「あっ、もう、考え方が違《ちが》うんで」と言って、打ち切られるそうですよ。

佐藤順太　フッ（苦笑）。まあ、誰《だれ》かが言っているとおり、わがままな人は、生まれつきわがままで、死ぬまでわがままかもしらんがね。それを変える力があるのが教育なんだがね。

大川紫央　そうですね。

佐藤順太　教育で変えることができなかったということだな。

大川紫央　私はここ十年ぐらいしか見ていないのですけれども、どう考えても、毎回、何か宏洋氏が反旗を翻《ひるがえ》そうとするたびに、みんなで、どうにかそうならないようにしているという感じでした。ただ、やはり、性格は直らないものですね。本人が直すつもりもないですし。

お金を引き出すために教団に揺《ゆ》さぶりをかけている

佐藤順太　いやね、家に借金があったらね、みんなで結束して、それを払《はら》わなきゃいけないがね……、できるだけ負担は少なくしようとするんだがね。家にお金があると、みんなで分け前を多く取ろうとしているんで。

大川紫央　そうですね。

佐藤順太　だから、「自分の分け前がいちばん少なくなる」と見てやっているだけなんで。ただそれだけ。

大川紫央　本当に、ただお金目当てなのと……。

佐藤順太　そう。妹や弟に金が行くと思うてね、それで因縁《いんねん》をつけているだけなの。「信仰論《しんこうろん》」でも何でもない。ただそれだけ。自分の……。

大川紫央　使えるものは何でも使って。

佐藤順太　「長男優先でよこせ」と言うとるだけ。

大川紫央　後ろに、いちおう覚鑁《かくばん》という悪魔《あくま》とかもいると思うのですけれども。

佐藤順太　うん。いるとは思うよ。ただね、考えは一緒《いっしょ》さ。

大川紫央　その悪魔たちには、「別派をつくりたい」などという狙《ねら》いはあるのでしょうか。

佐藤順太　世の中にはね、嫌《いや》がることをするものはいるんだよ。蛇《へび》も嫌がられる、ネズミも嫌がられる、ハエも嫌がられる、ね。

大川紫央　最近はバッタもありますし。

佐藤順太　ええ。ミミズもいるしね。嫌がられることをする人はいるんだよ。まあね、これはね、揺《ゆ》さぶったら、〝打ち出の小槌《こづち》〟でね、お金がまだ落ちてくると思うとるんだよ。

大川紫央　そうですね。お金を引き出すために、何でもかんでもして、揺さぶっていますよね。

佐藤順太　そうだよ。「妹ぐらいにやれるものか」と思ってね、「自分のほうが、兄のほうが取り分は多い」って言っているのさ。

大川紫央　でも、本当にここ最近、この十年ぐらいをずっと見ているだけでも、どう考えても、咲也加《さやか》さんのほうが総裁先生を護《まも》ってきたし、やはり、すごく貢献《こうけん》しています。宏洋氏は、大学生のころを見ていても、家にはほとんどいませんでした。

佐藤順太　だいたいね、長男が尊敬されるのはね、責任を負うからなんですよ。両親の面倒《めんどう》を見てね、弟妹《ていまい》たちの面倒を見るから、長男は尊敬されて、跡取《あとと》りになったり家督《かとく》を譲《ゆず》られたりする。それが長男なんですよ。

大川紫央　本当に、その役割をしていたのは長女の咲也加さんですよ。

佐藤順太　両親に迷惑《めいわく》をかけ、弟妹に迷惑をかけ、教団に迷惑をかけてね、取り分だけ「よこせ」っていうのはね、ありえない話なんですよ。

大川紫央　私が来たときから、きょうだいたちからも、もう、宏洋氏というと、「いつも、問題を起こすときだけ家にやって来る」という感じで見られていたと思います。

佐藤順太　だから、そうなの。あと、わがままに拍車《はくしゃ》をかけて。まあ、ちょっとは不良や非行も入っとるだろうけどね。それでね、聖職者のところに、えてして、そういうのが出てくるんだよ。「自分らを不自由にした代償《だいしょう》を要求する」というかたちでね。

大川紫央　「幸福の科学から縁《えん》を切れば、みなさんは幸福になれます！」と言いたいんですよね。

佐藤順太　「自分は不幸になったから」って言ってね。

大川紫央　（苦笑）そう、そう、そう。

佐藤順太　「不幸になった分を弁償しろ」と言っているぐらいのことでしょ。

宏洋氏は最大限にほめて〝太宰治《だざいおさむ》〟

大川紫央　でも、彼の生き方では、どう考えても、どんな環境《かんきょう》に生まれても、ああなると思います。ほめられすぎても駄目《だめ》だし、叱《しか》られたら、あっという間に駄目になりますし。

佐藤順太　はあ……（ため息）。

大川紫央　でも、何か、こうなる運命はあるんでしょう。

佐藤順太　まあ、「人間の類型《るいけい》として、こういうものがある」っていうことを見せて、ほかの人に反省させるきっかけぐらいにはなればいいがね。

ほかの弟子《でし》だって、こういうふうになる可能性は、まあ、よくあるんで。

大川紫央　はい。ありますからね。

佐藤順太　初期のころの幹部からね。

（そういうところが）あったら、みな追い出されていっているよね。「自分が協力した」とか、「自分がやった」とか、そういう人はいっぱいいたはずだよ。
ただ、しばらく暴《あば》れて、追い出されて消えていく。まあ、長くやっていくうちに、だんだん組織が固まって、そういうことは少なくはなってきたんだが、家庭のなかでは、まだ、そういう「特別の扱《あつか》い」を求めようと出てくるからね。
まあ、そりゃあね、やっぱり、教団が財政的に豊かだと思っているからで、もし赤字だったらね、そら継《つ》ぎたいなんて思わないで、いち早く逃《に》げるよ。

大川紫央　確かに。逃げますよね。

佐藤順太　いち早く逃げるに決まってるじゃない。「訣別、訣別」言いながらね、幸福の科学の名前を出しては揺さぶってね、ゆすってるんだよ、お金をな。

大川紫央　はあ……（ため息）。

佐藤順太　情けないが、人間としては、まあ、もう最大限にほめて〝太宰治《だざいおさむ》〟だな。

大川紫央　（笑）それは最大限のほめ言葉ですけれどもね。

佐藤順太　ああ、最大限で太宰治だ。借金して回って、悪いことをさんざんして、はい、地獄堕《じごくお》ちな。

まあ、こういうものでも、文学のうちに入ることもあるでな。

自分の自己実現のために教団を利用

大川紫央　おそらく、幸福の科学のアンチの人たちが集まっているところもあるんですけれども、アンチの人たちは、宏洋氏がなかにいたときは、「こんなやつが後《こう》継者《けいしゃ》になるかもしれないのか」ということで、無様《ぶざま》な写真とかをアップして、「だから、この教団はおかしい」などと言っていました。でも、今は、宏洋氏はきっとあちらに合流しているんだろうなと思うと、なんて矛盾《むじゅん》に満ちているんだと思いますけれどもね。

佐藤順太　世の中にはね、やっぱり、「社会のルール」からあぶれる人はいるんだよ。

大川紫央　うーん。

佐藤順太　そういうのが、必ずいつもいてね、まあ、最低でも一割はいるものなんだよ。大きく言やあ、半分以上そうなんだけどね。

大川紫央　本当は、幸福の科学に反対になったときの心境も、教えのレベルではなく、僧団《そうだん》とのトラブルやちょっとした行き違いなどで、だんだん心が離《はな》れていって、反対活動をしていると思うんですけれども。

佐藤順太　ああ、もう、ほとんどはな、聞いてみりゃ、「下心の問題」ばっかりだろ？

大川紫央　はい。「自分が偉くなりたい」とか、そういう話です。

佐藤順太　だから、やつが下心を持っててね、教団の力をもって、女の子を、バッタでも押《お》さえるみたいに網《あみ》で捕《と》ろうとして、教団の力を使って押さえようとしているよな。いつもそうなんだよ。

大川紫央　欲《ほ》しいものがあるときは全部そうなんですよ。「父親の権利」、「父親の名前」などを、そういうときにだけ利用するんですよ。
女性にしてもそうだし。お金にしてもそうだし。自分の仕事にしても、宗教者である前に、「映画がつくりたい」という論理なので、結局、それは、「自分の自己実現のために教団を利用している以外にない」というところですよね。

佐藤順太　そうだよ。で、結局、「教団から離れりゃ、もっと人気が出て、才能があるから、もっともっと発展できるのに、宗教臭《くさ》くて逃げられている」と思うとったんだろ。自分でやってみたら、なかなか人を集めるのは大変なことぐらいは分かって、事務所を維持《いじ》することだって大変なことが分かってはきてるでしょ。

大川紫央　でも、辞《や》めるときは、本当に、「幸福の科学と一緒だから、自分は、芸能人というか、演技者としても花開かないし、売れないし」と言っていたんですけれども、もう今、自分で、そのタグ付けすることしかしていないですからね。

佐藤順太　だから、幸福の科学のアンチを語って、アンチのほうが数が多いだろうと思って、まだ狙っているのは狙っているね。それで、教団のほうからね、何か……。

大川紫央　揺すって、出ないかと。「もうそのへんにしてくれないか」と言って……。

佐藤順太　ええ。手切れ金が、まだ、もうちょっと出てくるんじゃないかと思っているっていうところだわな。

大川紫央　でも、そういうタイプの人は、一回で済むわけではないですよね、きっと。

佐藤順太　そりゃ、一生迷惑かけるタイプだよ。

大川紫央　（苦笑）なんで……。

佐藤順太　一生迷惑かけるようなタイプ。

大川紫央　何を使命にして生まれてきたんですかね。

佐藤順太　死んでからも迷惑かけるんだよ。

大川紫央　そうですね。

佐藤順太　こういう者はね。ただ、人間にはね、エゴイズムというのがあってね、このエゴイズムを抑《おさ》えるということがね、自由の拘束《こうそく》で、自分は損したように思う人がいるんだよ。

大川紫央　そうですね。

佐藤順太　いっぱいいいっぱい欲を膨《ふく》らませてね、この世で手に入れるだけ手に入れることが、幸福だと思うているのさ。

努力をせずに、父親の持っているものはすべて譲《ゆず》り受けたい

大川紫央　覚鑁もそうなんですけれども、おそらくそういうふうに思っていて、すごくこの世的な欲があるのに、スーパーパワーや霊能力《れいのうりょく》にも興味があるじゃないですか。

佐藤順太　ああ、そりゃ、もっともっとスーパーパワーで本物の教祖になりゃ……。

大川紫央　ああ、「名誉欲《めいよ》」と。

佐藤順太　もっと、「金」と「組織」と「地位」と「名誉」と、全部持てるわな。

大川紫央　派手に見えると。なるほど。

佐藤順太　もっと力を持てるよね。

大川紫央　あと、人よりはどこか〝飛び抜《ぬ》けて〟いたいんですよね。

佐藤順太　うーん、そりゃあそうだよ。

大川紫央　「特殊《とくしゅ》な人間でありたい」というところがあるんですね。

佐藤順太　親父《おやじ》の持ってるものは全部もらいたいわな、本当はな。努力しないでな。できたらな、家元の〝あれ〟みたいにね。

大川紫央　そうなんです。ひとえに、努力をせずにそこに行きたいということですよね。

佐藤順太　家元みたいにね、譲《ゆず》り受けたいんだな。それだけさ、うん。それで、自分が決めたことが正しいことに全部したいって、まあ、そういうことだろ。残念だけど、勉強不足ですな。

どこでもそうなってないですわ。もう、学問のレベルでもそうなってないしな。マンガだってね、編集者の意見でね、取り上げられたり、やめさせられたりするんで。ええ。売れるか売れないか、会社の方針に合っているか合っていないか、自由に書いているようで自由じゃないよ、うん。

2　文春にも悪魔《あくま》がいる

大川紫央　今度出す本も、絶対に文藝春秋《ぶんげいしゅんじゅう》の編集に手を加えられていますよね。

佐藤順太　まあ、おそらくはね。

大川紫央　おそらく。

佐藤順太　文春も、今、正念場が来ているだろうけどね、おそらくな。まあ、完全に悪魔《あくま》の片棒を担《かつ》いでいて、一般《いっぱん》の人には分からんと思うなら、大違《おおちが》いだな。だから、そういうところで判断をいつも間違っているようだったら、それは、みんなが信じなくなるわな。
　内閣の支持率だけじゃないよ、落ちるのは。週刊誌の支持率も落ちる。百万部まで行ったやつが、どんどんどんどん落ちて、三十万部切って、もっと落ちようとしているわけで。

大川紫央　いちおう、現代にあっても、まだ、「みなさんの持っている善」を信じて頑張《がんば》っても大丈夫《だいじょうぶ》なんでしょうか。

佐藤順太　まあ、「善悪が分からない時代」になっていてね。今、週刊誌だけにそれを判断させていいかどうかで、やっぱり、宗教としては、週刊誌の間違いを正して、「何が善か」を示す必要はあるだろうな。

大川紫央　本来、宗教の役割ですもんね。

佐藤順太　うん。だから、家庭問題だと、自分らも理解ができるから、「大川隆法は成功したように見えて、長男がこんなに変になっとるぞ」と。「どうだ、ざまあ見ろ」と。「普通《ふつう》の家と同じじゃないか」というようなところで、「困っとるだろう」っていう。まあ、そういうね、こっちにも悪魔《あくま》が笑っとるわな。

文春の側にも。宏洋《ひろし》の側だけじゃないよ。文春の側にもいるんだよ。「そういうところを見て笑いたい」「ざまあ見ろ」という気持ちがな。成功ばっかりする人間は嫌《いや》なのさ。

大川紫央　いやあ、そうですね。きっと嫉妬《しっと》もありますよね。

佐藤順太　まあ、逆に言えば、「批判される人」のほうが、「批判する人」よりも偉《えら》いのは普通なんで。

大川紫央　立場があるから批判できると思っているところもあるんですね。

佐藤順太　そうそう。「このくらいやっても、ええだろう」と思って。甘《あま》えもあるわな。「公人だから何言うたってかまへん」と。「少なくとも、長男が発狂《はっきょう》・発情したのは、そらあ事実だから、これは責任があるだろう」。まあ、こういうこったろうな。向こうの論理はな。

大川紫央　でも、宗教だけではなくても、後継者《こうけいしゃ》が擁《よう》されるような会社を持つ場合は、いちおう、その後継者が選ばれないと……。

佐藤順太　そら、潰《つぶ》れるよ。普通は潰れるので。

大川紫央　そうですね。

佐藤順太　うん。

大川紫央　ただ、後継者が一人に決まったら、やはり、喧嘩《けんか》があったりするじゃないですか。

佐藤順太　それは、会社の番頭が独立することもあるし、きょうだいで分裂《ぶんれつ》することもあるし。大塚《おおつか》家具みたいに、親子で喧嘩する場合もあるし。いや、難しいわな。日産みたいのもあるしな。カルロス・ゴーンみたいに、立て直して二十年もいて、居座《いすわ》られたら、追い出したくなってくるのもあるし。追い出したと思ったら、今度は、会社が赤字に転落とかいうこともある。

難しいものだな、なかなかな。世間《せけん》様の目は厳しいでな。世間様の目は、最終的には厳しいからね。やっぱり、正しいと思うことを、いつもやることが大事だろうと思うよ。

3　愚息《ぐそく》には諦《あきら》めも肝心《かんじん》

もし、宏洋《ひろし》氏が教団内で「つくりたい映画」をつくっていたら

大川紫央　宏洋《ひろし》氏が、あの心境のまま、ずっと教団のなかにいて、「つくりたい映画をつくらせろ」ということでつくらせたとしても、やはり、つくった映画の中身を見て、「これを、この宗教でつくっていいの?」という……。

佐藤順太　声は出てくるわな。

大川紫央　そういう声は絶対に出てくるはずなので、逆に、今度はそれを許していたら……。

佐藤順太　それを外に絞《しぼ》り出しているからね、外で暴《あば》れているんだけど。

大川紫央　そうです。なかにいても、結局、批判はされますよね。

佐藤順太　なかでやられたら、「緩《ゆる》すぎる。甘《あま》すぎる」という意味で……。

大川紫央　うーん。「親バカ」と……。

佐藤順太　マスコミと内部の批判とが、同時に来るだろうね。

大川紫央　ええ。「宗教は、金が余っているから映画をつくっているのではないか」というようになりますもんね。

佐藤順太　だから、自分でヒットさせてね、大スターになって、大金持ちになりたいところだろうけど。才能はそんなにはなかろうな。

「仕事では厳しい父親」を分かっていない

大川紫央　宏洋氏は、総裁先生とお会いできる立場にいても、総裁先生を全然見ていませんし、ほぼ真逆に近いです。

佐藤順太　あのねえ。そうなんです。

大川紫央　でも、確かに、映画「さらば青春、されど青春。」（製作総指揮・大川隆法、二〇一八年公開）のときは「僕《ぼく》は、大川総裁とは百八十度違《ちが》う人間です」と言っていましたから。

佐藤順太　「家庭のなかの父親」はね、優《やさ》しかったからね。「仕事での父親」は優しくはないよ。厳しいよ。そうとう厳しいよ。厳しくなかったら、成功しない。

大川紫央　彼自身が、「公私混同はいけない」といった考え方などが、まったく通じない人ですからね。

佐藤順太　だからね、うん、厳しいんですよ。それはね、まあ、弟子《でし》のほうが、ある程度分かってるところはあるんだけど、家族のほうが分かってないところがあってね。

大川紫央　確かに、そうですね。もしかしたら、自分たちが社会人になったら、総裁先生がちょっと違って見えてきて、それで混乱しているところがあるのかもしれないです。

佐藤順太　違ってると思うよ。だって、息子《むすこ》はもう、三十一歳《さい》だろう？

大川紫央　はい。

佐藤順太　三十一歳の人ができなきゃいけない仕事っていうのはね、これ、ちょっと責任があるんだよ。

大川紫央　まあ、それはそうですよね。

佐藤順太　うん。だから、子供（の年齢《ねんれい》）によっても違うんだよ、それはね。

大川紫央　しかも、宏洋氏は、あれだけ「英才教育をされた」といったことを言うのであれば、なおさら、そうですね。

佐藤順太　うーん、勉強してなきゃいけないよな。でも、勉強してないよね。

大川紫央　ええ。していないです。

佐藤順太　全然してないのに、先生になろうとする。だから、「欲」だけあるんだよね。それは無理だろうな。まあ、往生際《おうじょうぎわ》が悪いし、男らしくないわな。

大川紫央　悪質。しつこい。

佐藤順太　そして、お金に関しては汚《きたな》い。

大川紫央　汚い。

佐藤順太　考え方がな。

大川紫央　公私混同。すべてを自分のために使おうとする。

佐藤順太　徹底《てってい》的に人の気持ちが分からない。まあ、そういうことだな。ここに、今、ちょっと、マイナスの要素が集まってはいるんだろうけど。

まあ、ほかのきょうだいのなかにも眠《ねむ》っているものは、こっちに出てきているからなあ。それが、まあ、参考になればいいんだがな。

大川紫央　反面教師としてですね。

佐藤順太　ならない。ならない。「自分は別だ」と思っている人もいるからなあ。

大川紫央　いますね。うーん。

佐藤順太　まあ、残念だが、「愚息論《ぐそくろん》」だな。
まあ、でもねえ、「諦《あきら》めること」も肝心《かんじん》だよ。世間《せけん》はねえ、学者をやっても、子供は学者にならないし。ねえ、親が警察官でも、子供は犯罪人になる人もいるしね。裁判官の子供が非行に走ることもあるし、学校の教員の子供が勉強できない。よくある話だよ。
まあ、だいたいそんなもので、いろいろなんだよ。だいたい同じように続いていくっていうことは、そんな簡単なことではないんで。代々続けば「封建《ほうけん》制」が出来上がるのさ、何でもな。厳しいものなんだよ。

4　宏洋《ひろし》氏の過去世《かこぜ》は幻想《げんそう》にすぎない

〝変態責任〟が親にあるのか

大川紫央　荘子《そうし》は、孔孟《こうもう》の批判をして、悪口を言い続けて、名前が遺《のこ》っているところもあるじゃないですか。

佐藤順太　まあ、あんまりそういうふうに考えないほうがいいんじゃないですか。

大川紫央　いいですよね。でも、間違《まちが》えて……。

佐藤順太　もう考えないほうがいいんじゃないですか。ええ。まあ、ああいうふう

●荘子（前367～前279）　古代中国の戦国時代の思想家。

になったんだから、彼個人の問題と考えたほうがいいんじゃないですか。荘子は荘子で、何か意味があったから遺ったこともあるんだろうから。彼には意味がないかもしれない。

大川紫央　今の彼の主張は、全然「教え」ではないし、単に幸福の科学を批判しているだけだけれども、本当に地獄《じごく》的な思想に陥《おちい》っていますから。

佐藤順太　一言《ひとこと》で言や、「変態」でしょう。

大川紫央　変態です。変人。

佐藤順太　だから、「〝変態責任〟がねえ、親にあるかどうか」って言われてもねえ、それは、自分でつくったものでしょうというところはありますね。

大川紫央　ええ、本当にそうだと思います。

過去世《かこぜ》の名前に幻惑《げんわく》されないよう気をつける

大川紫央　しかも、宏洋《ひろし》氏には魂《たましい》としての過去の蓄積《ちくせき》もありますので。例えば、カフカの『変身』なども……。

佐藤順太　いや、彼には魂があったかどうかも別ですので。

大川紫央　そうですか。

佐藤順太　彼に「過去世《かこぜ》があった」なんて思うから、そういうふうに迷わされるので。「ないかもしれない」と思ったほうがいいよ。ないかもしれない。

「前世は動物かもしれない」と思ったほうがいい。ああいうことをする動物を考えればいい。泥棒猫《どろぼうねこ》とかね。サンマをくわえて走っただけかもしれないと思っておいたほうがいいよ。

過去世とか思うから、みんな幻惑《げんわく》されるので、ええ。

まあ、それはね、それだけの仕事をしたら、そうだったかもしれないが、過去世認定だって、初期のころのやつは、間違いもあるし、子供で生まれるときに売り込《こ》んでくるやつがいっぱいいるから。

大川紫央　まあ、そうですね。

佐藤順太　〝いい名前〟で売り込んでいって、高く売ろうとしているやつがいっぱいいるので。それでもらいすぎて、あと、〝虫歯〟になっておかしくなっている状態。

大川紫央　当会の職員も同じですかね。

佐藤順太　そう。

大川紫央　みんな、その霊人《れいじん》、その人が言っているだけであって……。

佐藤順太　うん、本当かどうかは分からない。

大川紫央　本当は嘘《うそ》をついている人がいる可能性も、かなり高いですからね。

佐藤順太　うん。それは、〝売り込み〟をかけているのはいっぱいいるでしょう。だから、一緒《いっしょ》ですよ。

特にこういう嘘つきの場合は、その可能性は高いから。

大川紫央　なるほど。

佐藤順太　もう、そういうものは認定しないほうがいいと思います。

大川紫央　まあ、やはり、今世《こんぜ》の実績を見て、そのあたりは変わるということですね。

佐藤順太　ま、カフカなんて出しちゃいけないよ。カフカだって、いちおう認められているんだから。

だけど、彼はカフカを読むだけの根気もないはずだから。

大川紫央　確かに。ないですね（笑）。

佐藤順太　あんな難しいものは読めないだろう。

大川紫央　あの難しい文は読めないと思います。

佐藤順太　読めるわけがないじゃないですか。だから、カフカにも劣《おと》るよ。もう、そこまで行ってないよ。ね？

だからねえ、ああいうもんは騙《だま》されないように気をつけたほうがいいよ。「実績」が出なきゃ駄目《だめ》なんでねえ。

カフカに似ているかもしれないというのは、「変態」「幻想」というところだけだから。ほかは関係ない。文学的貢献《こうけん》は全然違うので。していないので、彼は。

大川紫央　そうですね、確かに。

佐藤順太　まあ、幸福の科学の作品を、猟奇趣味《りょうきしゅみ》の変なものに、グロテスクなものに変えていこうと、まあ、エログロに持っていこうとするだけでしょ？

過去世なんていうのは、もう、これは本人が言ったものであるので。生まれてくる前に自分を売り込むために言って、父親、母親を騙して。特に母親を騙してやったものなんで、ええ。

まあ、あんなにコロコロ変わるやつは、信じるわけにはいかないね。

まあ、そういうふうに考えたら。みんな、幻想を見せられているので、気をつけたほうがいいよ。

大川紫央　本当ですね。これは、ある意味、幻想なんですね。

佐藤順太　だからね、本人も、過去世で名前のある人だと思うから、「自分はやったのに世間《せけん》が認めないから、幸福の科学の認定は間違っているんだ」というような感じで言うけど……。

大川紫央　あっ、そうそう。「おかしい」と思っているんですよね。

佐藤順太　「それは、おまえが言うたんだろうが？」ということなんでね、うん。

大川紫央　そうそう。やはり、そうですよね。

佐藤順太　そうなんですよ。だからねえ、「そういうふうになりたかった」ということを言っているだけかもしらんから。

大川紫央　しかも、そういう偉《えら》い過去世を言ってもらえばもらうほど、自分の表面意識としては責任重大になっていくと思うんですね。もう本当に、〝お尻《しり》の穴も小さくなる〟というか、普通《ふつう》、そのくらいは思いますよ。

カフカは勤勉で、宏洋氏とは実績も異なる

佐藤順太　カフカだってね、プラハ大学の法学部を出て、いわば、日本の東京大学法学部に相当するところを出て、電電公社（ぐらいのところ）にお勤めになられて、帰っていたのにねえ。

大川紫央　そうなんですよ。優秀《ゆうしゅう》な大学を出ているし、毎日、きちんと会社に勤めているんですよ。

佐藤順太　ちゃんと勤めて。「ヘルメット」を開発したという実績があって。それ

で、帰ってきてから、余暇《よか》に、結婚《けっこん》もしないで小説を書いていた人だからねえ。いやあ、似ているように思っても全然似ていないよ。勤勉、勤勉……。

大川紫央　ですから、最近、そこをやや疑問に思っていました。宏洋氏は、それほど、勤勉に淡々《たんたん》と毎日を過ごせる人ではありません。

佐藤順太　ええ。（彼の）作品のなかに幻想的な部分があるというだけで。まあ、〝●ヒットラーユーゲントに襲《おそ》われるかもしれないと思ったユダヤ人の恐怖《きょうふ》みたいなの〟を描《えが》いているところは、今の彼と一緒かもしれないがな。今も、劇をやったり、酒場をやったりしていても、「いつ、幸福の科学が襲いにくるかもしれない」と思ってビクビクしてやっているとは思うがな。そういうところだけは一緒かもしれないが。中身はだいぶ違うよ。実績がない。

●ヒットラーユーゲント　1926年に発足《ほっそく》したナチスの青少年団。14歳から18歳のすべての男子の加入が義務づけられていた。

大川紫央　（宏洋氏の過去世を）このまま、放置しておくのかというと……。

佐藤順太　基本的には抹消《まっしょう》だね。幸福の科学の書籍《しょせき》からは抹消。弟子《でし》のなかにだって、そういういいかげんなのはけっこうあるからね。

大川紫央　それはそうだと思います。

佐藤順太　霊がみな正直だとは限らないんで、ええ。

大川紫央　そうですね。

自分に対する根拠《こんきょ》のない自信は天狗《てんぐ》である証拠

大川紫央　あとは、今の立ち位置というか役割から過去を見て、「そういう人のような役割をしている」と自分で思っているとか、「そういう役割になりたい」といった願望が反映しているとか、あるいは「そういう人の近くにいた」とか、蓋《ふた》を開《あ》けてみると、そういう場合もけっこう多いんですよね。

佐藤順太　理事長を任命した責任があるから、「理事長だった」と言っては脅《おど》し上げるというようなことをする人なんだろう?

大川紫央　ただ、本当に、人としてはちょっとどうなんでしょうかという感じです。

佐藤順太　まあ、人間として標準以上の人になってからにしてくださいということなんで。

大川紫央　でも、彼の場合、見ていると、もともとプライドが高いというか、絶対に平社員等からは入《い》れられないんですよ。どうにか頑張《がんば》って、副社長ぐらいで入れても、一カ月以内には、絶対にすぐ総裁先生のところに、上司である社長のクビ切りの相談には来るので、そういう役職以外で働かせることが難しかったのは事実です。

佐藤順太　まあ、長い人生で、ずいぶん不安定な職業と生活をするでしょうね。

大川紫央　おそらく、自分のことを「天才だ」と信じているから、そうなるのでしょうけれどもね。ただ、「何の実績をもって?」と言いたくなりますよね。

佐藤順太　まあ……、そこにだけ〝信仰《しんこう》〟があるんだろう。

大川紫央　そこにだけ、何か自信があるんです。どこか、根拠《こんきょ》のない自信が。

佐藤順太　うん、それは「天狗《てんぐ》の信仰」と一緒ですね。だから、天狗なんでしょう、やっぱりね。基本的には「天狗」なんでしょうから。

まあ、なぜそんなに天狗が出たかということは、母親が天狗だったから、天狗がいっぱい出たので、しょうがないよ。天狗と結婚したから、まあ、天狗が出たんでしょうから。

大川紫央　でも、本当に、天狗は日本霊界《れいかい》でも多いから、やはり、おそらく、今世、みんなで一緒に勉強して……。

佐藤順太　ええ、直さなきゃいけない。

大川紫央　はい。

5　宏洋《ひろし》氏に対して取るべき考え方とは

「愚息《ぐそく》」で「凡人《ぼんじん》」で、「破滅《はめつ》型」の代表

佐藤順太　まあ、とにかくねえ、「愚息《ぐそく》であって、凡人《ぼんじん》であった」という認識を、まず持たないと。「天才である」なんて、弟子《でし》たちがみんなで一生懸命《いっしょうけんめい》持ち上げてね、幹部たちも持ち上げてね、お世辞してゴマをすったらね、総裁先生のほうからの覚えがめでたいと思ってね、自分らの出世につながると思ってゴマをすったやつはいっぱいいいるんだよ。まあ、それが悪くしたところもあるからね。

だからねえ、もう「愚息」で「凡人」ということで認定したほうがいいと思うよ。

大川紫央　でも、彼はしつこく、ずっと悪口を言い続けると思いますが。

佐藤順太　はああ……（ため息）。その〝毒素〟は自分に回っていくようにしなきゃいけない。

大川紫央　まあ、そうですよね。自分がいちばん（悪口を）聞いていますもんね。

佐藤順太　だから、相手の仕方は、大人でなければいけないとは思うけどね。ま……、〝終わった人〟なんだよ。「訣別《けつべつ》」したいのはこっちなんだよね。向こうじゃないんだよね。

大川紫央　そうなんですよ。向こうが訣別したいのではないということですよね？

佐藤順太　まあ、「文春」に採用してもらったらいいよ。

大川紫央　そう。「文春」の人も、一回、宏洋《ひろし》氏とずっと一緒《いっしょ》に働いてみればいいのにと思うんですよ。おそらく、一年は我慢《がまん》できるかもしれないけれども、数年たったら、もう絶対に一緒にいられないと思います。

佐藤順太　いや、もう倒産《とうさん》が近いから。悪口の言い合いで、自分たちの仲間だと思うのかもしれないけど。まあ、倒産が近いので、あっちもね、リストラが始まるだろうから、大変だろうね。

大川紫央　総裁先生は、本当に、もう最後まで、どうにか宏洋氏を善導しようと、いつも心を割《さ》いていらっしゃるんですけれども……。

佐藤順太　いや、まあ、幸福の科学にはねえ、もう攻《せ》めるところがあまりないんだよ。前妻のところも、もうあまり出すものもないしね。だから、これくらいしかもうないので。もうやっているので。出してくる内容について反論ができないのさ。

大川紫央　そうは言っても、宏洋氏は、別に、実務の仕事もきちんとやったことがないので、おそらく、本当は、詳《くわ》しい数字も知らないはずだし、どんどん更新《こうしん》はされていくし。また、家庭内にもほとんどいなかったから、もうネタはないと思います。しかも、彼の記憶《きおく》は変わっていくし、本当は、言えることはそれほどないと思います。

佐藤順太　まあねえ。「五人の子供を大学まで出した親父《おやじ》」と、今、「幼児にも仕送りできなくなった自分」とを一緒にするなということだ。

大川紫央　いや、本当に、私は、せめて、結婚《けっこん》したり子供ができたりすることで、

「いかに自分が、教育もきちんと受けさせてもらってありがたい環境《かんきょう》にいたか」ということぐらいは分かってくれるかなと思って、期待していたんですけれども。勤めていた建設会社から当会に戻《もど》ってきたときには、一瞬《いっしゅん》、そんなことも言っていましたけれども、もう、あっという間になくなっていきましたね。

佐藤順太　まだねえ、父親のことなんかが見えていないんだよ、本当に。仕事が全然見えていないし。教団がどのようにして回っているかも分かっていないし。苦労した部分について教えることができないし。まあ、全然、耳にも入らない、頭にも入らない。しょせん、〝お飾《かざ》り〟でしかないんで。お飾りで置いてくれるところがないかと言っているだけなんで。

まあ……、わずか八人の会社で追い出されたんだから。

大川紫央　そうですね。もう、ほかの人とも決裂《けつれつ》していましたからね。

佐藤順太　まあ、できるところはないだろうよ。現場で弁当を買ってくるぐらいしか仕事はなかったんだろう？

大川紫央　まあ、「部下なし」ですよね。

佐藤順太　で、「地方は行かない」とか言っているんだろう？

大川紫央　はい。

佐藤順太　贅沢《ぜいたく》なことばかり言っているね。まあ、「破滅《はめつ》型」の代表だね。だから、最大限にほめてね、〝太宰治《だざいおさむ》の方向〟に向かっている。

大川紫央　でも、それほどの小説は書けていないですけれどもね。

佐藤順太　書けていないよ。太宰の小説でも、まだ、教科書では読まれるからね。だから、「破滅型」ということを言いたいだけで。

大川紫央　はい。それは分かります。

佐藤順太　みな、破滅する方向に、破滅する方向に行くって……。それだけの才能はないんだよ、もともとね。

大川紫央　彼の魂《たましい》が破滅を求めるのですかね。

佐藤順太　「破滅を求めている」と思いますよ、今は。うん、「破滅に向かっている」と思いますよ。

ま、いいんじゃないですか。いや、果物でも、よくしようとしたら、出来の悪いやつはもぎ落したほうがよくなるからね。〝間引き〟ということは必要ですから。

大川紫央　行基《ぎょうき》様も言われていたのが、「腐《くさ》ったミカンを置いておくと、周りもどんどん汚染《おせん》されていく」と。

「凡人《ぼんじん》であると自覚し、分《ぶん》を知って生きること」を教える必要がある

佐藤順太　まあ、これをきっかけにねえ、弟妹《ていまい》たちがもう少し立派になるようにね、ま、そういうふうになってくれるといいですがね。

大川紫央　そうですね。

佐藤順太　まあ、でも、「悪い見本」ぐらいいないとねえ、よくならないんですよ。

大川紫央　それは本当に、もう、弟子は一人残らず、みな、反面教師にして、やはり気を引き締《し》めていかなければいけませんので。

佐藤順太　教団も大きくなっているからねえ、弟子も悪いのがいてもねえ、分からないよね。分からなくなってきているからね。

大川紫央　そうですね、分からないですね。近くにいる人は見えるのですけれども。

佐藤順太　ええ。昔は分かったものが、今は分からなくなっているからね。だから、普通《ふつう》の会社で起きるぐらいの悪いことは、いくらでも起きるということです。

まあ、「愚息論」だね。「つける薬はなく、諦《あきら》めなさい」ということで。被害《ひがい》を最小にするように、幻想《げんそう》を与《あた》えないように、つまらぬ言質《げんち》を取られないようにすることが大事で。

過去世《かこぜ》が何だというのは、全部自分が言ったことなんで。「もう信用するな」ということです。はい。

大川紫央　はい。

佐藤順太　（自分の過去世として）天才ばかり名前を挙げたのは、自分なんで。「自分は天才だ」とか「天才だと言われた」とか言っているのは、全部、自己責任なんで。他人《たにん》の責任じゃない。「人を騙《だま》した責任を取れ」ということだね。

三十一歳《さい》まで生きて、（天才と）違《ちが》うことは分かっただろうに。凡人《ぼんじん》には凡人の生き方があるんだよ。

大川紫央　そうですね。それに、やはり、どういう環境に生まれても、その人をつくるのは、「その人が、どういう考え方や心の持ち方などを持つか」で決まるということがよく分かります。

佐藤順太　だからね、弟子なんか、できやしねえよ。友達もできやしないと思うよ。どうせ、一時期利用し合っても、すぐに決裂するさ。もうそういう、悪い魂胆《こんたん》で近寄っているやつはね、まあ、悪口を言い合っている間だけは一緒にやっているように見えても。

大川紫央　まあ、そうですね。

佐藤順太　これは、家庭がうまくいくこともなかろうしね。まあ、残念だけれども、ま、反面教師以外の生き筋《すじ》はないね。

あとは、「凡人であることを自覚して、分《ぶん》を知って生きていきなさい」ということ。これを教えてやることが、まあ、仕事だな。

だから、あんまりねえ、もう、幹部たちや、編集部あたりのなかにもバカがいるからね。自分らで持ち上げてね、天才扱《あつか》いしてね、祀《まつ》り上げていって、被害を大きくしているやつがいるからねえ、気をつけたほうがいいよ。

これは「愚息」であって、「凡人」だということだよ。「過去世なんかは、ない」と判断していいと思う。うん。

ま、ほかの、天才を語っている人も、みんな一緒ですからね。

大川紫央　そうですね。やはり、それは今世《こんぜ》、何かをなしてから言えることですから。

佐藤順太　弟子の分際で言うやつはみんな危ないと見ていい。みんな、基本的に天狗《てんぐ》。天狗か妖魔《ようま》の類《たぐい》だと見て間違いなかろう。ええ。天狗、鬼《おに》、仙人《せんにん》、妖怪《ようかい》、妖魔、こんなのの類さ。

だから、堅実《けんじつ》に生きていったほうがいいよ。

大川紫央　はい。

怠《なま》け者は何をやっても駄目《だめ》なので、相手にしないことが大事

佐藤順太　まだ話が出てくることもあろうけれども、とりあえず、あなたがたに、「考え方の基本」だけ言っておくね。

大川紫央　はい。

佐藤順太　もう、あんまりね、やっぱり心労するのは無駄《むだ》だから、やめなさい。百《ひゃく》姓《しょう》に生まれたって、百姓も継《つ》げない人もいるんだよ。怠《なま》け者はな。

大川紫央　確かにそうですねえ……。

佐藤順太　怠け者は、麦を枯《か》らし、稲《いね》を枯らすんだよ。

大川紫央　日本昔話にも、いくらでも出てきそうなことですね。

佐藤順太　だから、駄目なんだよ。何やっても駄目。石工《いしく》をやっても駄目、鍛冶《かじ》屋をやっても駄目。駄目なんだよ。

大川紫央　確かに、百姓も、やはり体はきついし、天候によっていろいろ調整しなければいけないし、毎日、作物の生長を見ながらしなければいけませんからね。

佐藤順太　ええ。「小学校時代に親に怒《おこ》られた」だとか、今、三十一歳にもなって言っているようなやつは、まあ、ろくなやつはいやしないんで、もう見切ったほうがいいと思うよ。

そんなのねえ、情をかけてやったらやっただけ、あとで損をする。それが狙《ねら》いなんだよ、ええ。

大川紫央　なるほど。分かりました。

佐藤順太　まあ、淡々《たんたん》といきなさい。自分たちの仕事で、「いい仕事」をしていくことを考えなさい。

大川紫央　そうですね。はい。いい仕事をして、いろいろな方に光を届けるという仕事に徹《てっ》していったほうが……。

佐藤順太　そうそう。そういうのは……。足をすくうのを仕事にしようとしているからね。あんなの、相手にしないことが大事ですよ。もはや家族でもないんだから。何の義理もないよ。親の面倒を見る気もないでしょう？

大川紫央　それはないでしょうね。

佐藤順太　何か要求するならねえ、親の面倒を見る気があるぐらいの長男であれよ。

大川紫央　（笑）彼は、「僕《ぼく》のほうから親を見切って、そういうのもアリだと思います」というようなことを週刊誌に書いていましたから。

佐藤順太　だから、今までかかった「労力」と「金」をねえ、全部返してから言えよ。

まあ、とにかくねえ、もう本当に尊大に考えているので、これを縮めてやる必要はあります。

宏洋氏を言い訳にせず、自分たちの仕事を全《まっと》うすることを優先せよ

大川紫央　「長男だから」と思っているのでしょうけれども、今は、もう、その発想自体が時代遅《おく》れですからね。

佐藤順太　いやあ、まあね、〝練習台〟として生まれたとしか言いようがないよね。〝失敗の材料〟としてね、生まれたんで。

まあ、もういいんじゃないんですか、ええ。

大川紫央　今、彼のことで、編集で作業している本もありますが……。

佐藤順太　まあ、あそこも凡人の集まりですから。

大川紫央　ただ、どう見ても、いろいろな人がかかわっていますし、大川家の問題だけではないので、そういうものも必要なところはあるかなと思います。

佐藤順太　まだ母親の問題が残ってはいるんだろうけどね。

大川紫央　先日、●ヤイドロンさんもそのように言っていました。

●ヤイドロン　マゼラン銀河・エルダー星の宇宙人。地球霊界における高次元霊的な力を持っており、「正義の神」に相当する。現在、地上に大川隆法総裁として下生している地球神エル・カンターレの外護《げご》的役割を担《にな》う。

佐藤順太　うん、母親があまり人を使いすぎたんでね。子供たちを公人のようにしなければもたなかった部分があって、そういうふうにしたのが、今、ツケで来ているんでしょう。

だから、後進の人たちも、今、苦しんでいるでしょう？

公人みたいに扱ってきたもので、今、いい年、二十代になって、普通の人間みたいに、ね？　もう、男を追いかけたり、女を追いかけたりしては、それを週刊誌に叩《たた》かれているんでしょう？

大川紫央　そうですね。

佐藤順太　まあ、同じだよ。ま、離《はな》れているんだろうとは思うけどね。

まあ、清算していかなければいけないわな。「自覚のない者は去れ」ということだな。

大川紫央　はい。

佐藤順太　自分は、なぜ、そんなに人を大勢付けられたのか、さっぱり分かっていないので。

大川紫央　それがどういうことか。「尊いから」と……。

佐藤順太　「自分が偉《えら》い」と思っている。バカだ。
　これは、いちばん手のかかる人間だから大勢付けていたわけで。本当は、〝押《お》し入れに放り込《こ》んで〟おけば、それで終わりだった。

大川紫央　では、今後はそれも生かしながら、孫の養成もしなければいけませんね。

佐藤順太　はい。孫も危ないと思いますよ。今みたいな、上と同じようなことをやっていたらね。もうちょっとたくましくしないと。

まあ、才能のある者は出てくるから。周りが一生懸命に持ち上げたりしていたら、だいたいおかしくなるから、気をつけたほうがいいね。

大川紫央　はい。

佐藤順太　まあ、でも、とりあえず、自分たちの仕事を全《まっと》うすることのほうが優先です。そんなの、言い訳にならないからね。自分たちの仕事を、やるべきことをやっていって、ほかの人はちゃんと分かっているということが大事だと思います。

大川紫央　はい。ありがとうございました。

あとがき

現代を貴族制社会や身分制社会だと思うなら、大まちがいだ。民主主義世界は、基本的に自助論《じじょろん》の世界である。北朝鮮の三代目・金正恩《キムジョンウン》のような人が、権力と欲望に生きてよい社会ではないのだ。勉強も努力もしないで成功できるのが天才で、そうならないなら、社会の方が悪いのだと考えるような人は、タイム・マシンで過去にでも帰ったらよかろう。知的正直さからの出発が、現代的にどれほど大切か。世間をだますことをタレント業だと思っている人は、支持を失う。また無批判にそれを活字にするメディアも、終わりの時は近いだろう。「さらばバカ息子、されど仏法真理《ぶっぽうしんり》」である。これ以上、恥をさらすなかれ。

二〇二〇年　三月十六日

幸福《こうふく》の科学《かがく》グループ創始者兼総裁《そうししゃけんそうさい》　大川隆法《おおかわりゅうほう》

『人はなぜ堕ちてゆくのか。』関連書籍

『太陽の法』（大川隆法 著　幸福の科学出版刊）
『黄金の法』（同右）
『信仰の法』（同右）
『パパの男学入門』（同右）
『エクソシスト入門』（同右）
『信仰者の責任について』（幸福の科学総合本部 編　同右）
『直撃インタビュー 大川隆法総裁、宏洋問題に答える』（同右）
『宏洋問題を斬る』（同右）
『宏洋問題の深層』（同右）

人《ひと》はなぜ堕《お》ちてゆくのか。
――宏洋問題の真相を語る――

2020年3月17日　初版第1刷

著　者　大《おお》川《かわ》隆《りゅう》法《ほう》

発行所　幸福の科学出版株式会社
〒107-0052 東京都港区赤坂2丁目10番8号
TEL(03)5573-7700
https://www.irhpress.co.jp/

印刷・製本　株式会社 研文社

落丁・乱丁本はおとりかえいたします

ISBN978-4-8233-0158-2 C0030

宏洋問題の嘘と真相

宏洋問題の深層

「真実」と「虚偽」をあきらかにする31人の証言

幸福の科学総合本部 編

宏洋氏は、なぜ信仰を冒瀆し、虚偽による誹謗中傷を繰り返すのか。逆恨み、女性問題、セクハラ・パワハラなど、関係者が語る衝撃の「素顔」と「言動」。

1,400円

宏洋問題を斬る

「内情」を知り尽くした2人の証言

幸福の科学総合本部 編

彼の嘘がこれ以上多くの人を傷つけないように――。公私にわたり宏洋氏を間近に見てきた関係者による証言と反論。実弟の真輝氏・裕太氏の寄稿文も収録。

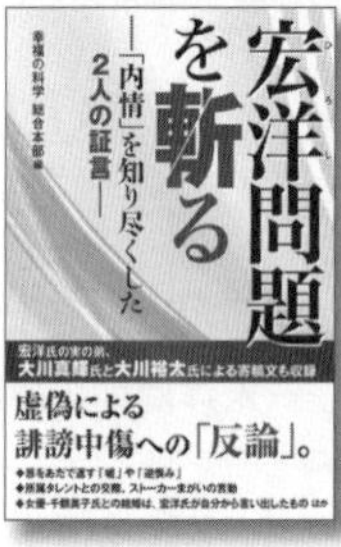

1,400円

直撃インタビュー

大川隆法総裁、宏洋問題に答える

幸福の科学総合本部 編

「月刊 WiLL」「週刊文春」「YouTube」――。宏洋氏の虚偽の発信に対して、大川総裁ほか関係者が真相を語った、衝撃の質疑応答174分。

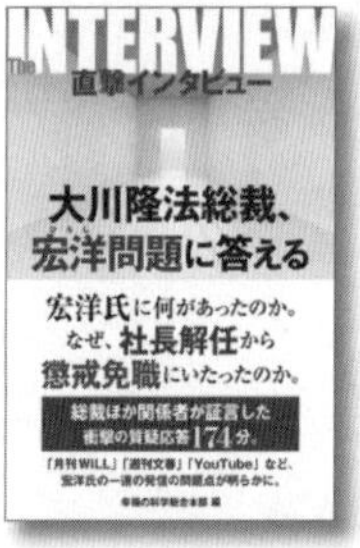

1,500円

信仰者の責任について

幸福の科学総合本部 編

数々の虚言と誹謗中傷で純粋な信仰を踏みにじる「偽りの信仰者」。その言動を側で見てきた者たちの証言と質問から、その過ちと矛盾を明らかにする。

1,400円

※表示価格は本体価格（税別）です。

宗教者のあるべき姿

1,400円

娘が語る
大川隆法の自助努力の姿

- ◆読書をしている父の姿
- ◆一日の生活スタイル
- ◆教育方針
- ◆大川家の家訓
- ◆世界のために命を懸ける「不惜身命」の姿
- ◆大病からの復活
- ◆「霊言」の真実

娘から見た大川隆法
大川咲也加 著

幼いころの思い出、家族思いの父としての顔など、実の娘が28年間のエピソードと共に綴る、大川総裁の素顔。

自助努力の精神を受け継ぐ幸福の科学の後継者

幸福の科学の後継者像について

大川隆法・大川咲也加 共著

霊能力と仕事能力、人材の見極め方、公私の考え方、家族と信仰——。全世界に広がる教団の後継者に求められる「人格」と「能力」について語り合う。

1,500円

大川隆法ベストセラーズ・悪霊・悪魔の実相を知る

真のエクソシスト

身体が重い、抑うつ、悪夢、金縛り、幻聴――。それは悪霊による「憑依」かもしれない。フィクションを超えた最先端のエクソシスト論、ついに公開。

1,600円

悪魔からの防衛術

「リアル・エクソシズム」入門

現代の「心理学」や「法律学」の奥にある、霊的な「正義」と「悪」の諸相が明らかに。〝目に見えない脅威〟から、あなたの人生を護る降魔入門。

1,600円

不信仰の家族にはどう対処すべきか

現代のダイバダッタ問題

いつの時代にも起きる信仰と身内の問題は、どう見るべきなのか。〝嘘〟の誹謗中傷、教団批判による炎上商法、その真相を明かした守護霊インタビュー。

1,400円

実戦・悪魔の論理との戦い方

エクソシズム訓練

信仰を護り抜くために、悪魔にどう立ち向かえばよいのか。嫉妬、不信感、嘘、欲望――、悪魔との直接対決から見えてきた、その手口と対処法とは。

1,400円

※表示価格は本体価格(税別)です。

大川隆法ベストセラーズ・責任ある大人への自覚

パパの男学入門

責任感が男をつくる

「成功する男」と「失敗する男」の差とは何か？ 著名人たちの失敗例などを教訓にして、厳しい実社会を生き抜くための「男の発展段階」を示す。

1,500円

大人になるということ

心の成長とリーダーの器

年齢だけではなく精神的にも「大人になる」ための条件とは。金銭感覚、異性関係、責任感、言葉など、「心の幼さ」を取り去り、徳ある人へ成長する秘訣がここに。

1,500円

人に嫌われる法則

自分ではわからない心のクセ

自分勝手、自慢話、他人や環境のせい……、人に嫌われる「原因」と「対処法」を解説。心のクセを客観視して、愛される自分に変わるためのヒントが満載。

1,500円

凡事徹底と独身生活・結婚生活

仕事力を高める「ライフスタイル」の選択

大反響の「凡事徹底」シリーズ。お金、時間、人間関係──。独身でも結婚でも、どちらの生き方でも成功するための知的ライフスタイルとは。

1,500円

大川隆法シリーズ・**最新刊**

サミュエル・スマイルズ「現代的自助論」のヒント

補助金のバラマキや働き方改革、中国依存の経済は、国家の衰退を招く──。今こそ「自助努力の精神」が必要なときである。世界の没落を防ぐ力がここに。

1,400円

守護霊霊言　習近平の弁明

中国発・新型コロナウィルス蔓延に苦悩する指導者の本心

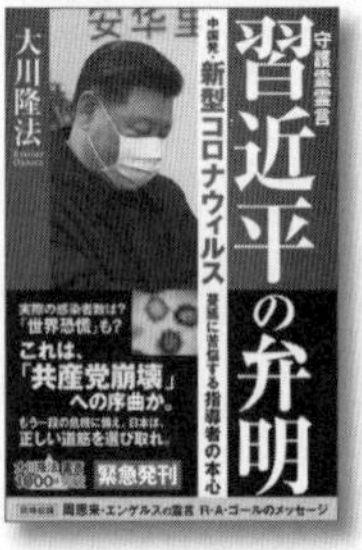

新型肺炎の全世界への感染拡大は「中国共産党崩壊」の序曲か──。中国政府の隠蔽体質の闇、人命軽視の悪を明らかにし、日本が取るべき正しい道筋を示す。

1,400円

釈尊の霊言

「情欲」と悟りへの修行

情欲のコントロール法、お互いを高め合える恋愛・結婚、"魔性の異性"から身を護る方法など、異性問題で転落しないための「人生の智慧」を釈尊に訊く。

1,400円

中国発・新型コロナウィルス感染 霊査

中国から世界に感染が拡大する新型ウィルスの真相に迫る！ その発生源や"対抗ワクチン"とは何かなど、宇宙からの警告とその背景にある天意を読み解く。

1,400円

※表示価格は本体価格（税別）です。

モナコ国際映画祭2020
最優秀作品賞
（エンジェル・トロフィー賞）
モナコ国際映画祭2020
最優秀主演女優賞
モナコ国際映画祭2020
最優秀助演女優賞
モナコ国際映画祭2020
最優秀VFX賞
心の闇を、打ち破る。
心霊喫茶
「エクストラ」の秘密
—THE REAL EXORCIST—
製作総指揮・原作／大川隆法
千眼美子
伊良子未來 希島凛 日向丈 長谷川奈央 大浦龍宇一 芦川よしみ 折井あゆみ
監督／小田正鏡 脚本／大川咲也加 音楽／水澤有一 製作／幸福の科学出版 製作協力／ARI Production ニュースター・プロダクション
制作プロダクション／ジャンゴフィルム 配給／日活 配給協力／東京テアトル ©2020 IRH Press cafe-extra.jp
2020年5月15日（金）ロードショー

1991年7月15日、東京ドーム。
人類史を変える「歴史的瞬間」が誕生した。
――これは、映画を超えた真実。
夜明けを信じて。
2020年秋 ROADSHOW
製作総指揮・原作 大川隆法
田中宏明 千眼美子 長谷川奈央 芦川よしみ 石橋保
監督／赤羽博 音楽／水澤有一 脚本／大川咲也加 製作／幸福の科学出版 製作協力／ARI Production ニュースター・プロダクション
制作プロダクション／ジャンゴフィルム 配給／日活 配給協力／東京テアトル ©2020 IRH Press

幸福の科学グループのご案内

宗教、教育、政治、出版などの活動を通じて、地球的ユートピアの実現を目指しています。

幸福の科学

一九八六年に立宗。信仰の対象は、地球系霊団の最高大霊、主エル・カンターレ。世界百力国以上の国々に信者を持ち、全人類救済という尊い使命のもと、信者は、「愛」と「悟り」と「ユートピア建設」の教えの実践、伝道に励んでいます。

（二〇二〇年三月現在）

愛

幸福の科学の「愛」とは、与える愛です。これは、仏教の慈悲《じひ》や布施《ふせ》の精神と同じことです。信者は、仏法真理をお伝えすることを通して、多くの方に幸福な人生を送っていただくための活動に励んでいます。

悟り

「悟り」とは、自らが仏の子であることを知るということです。教学《きょうがく》や精神統一によって心を磨き、智慧《ちえ》を得て悩みを解決すると共に、天使・菩薩《ぼさつ》の境地を目指し、より多くの人を救える力を身につけていきます。

ユートピア建設

私たち人間は、地上に理想世界を建設するという尊い使命を持って生まれてきています。社会の悪を押しとどめ、善を推し進めるために、信者はさまざまな活動に積極的に参加しています。

国内外の世界で貧困や災害、心の病で苦しんでいる人々に対しては、現地メンバーや支援団体と連携して、物心両面にわたり、あらゆる手段で手を差し伸べています。

年間約２万人の自殺者を減らすため、全国各地で街頭キャンペーンを展開しています。

公式サイト **www.withyou-hs.net**

ヘレン・ケラーを理想として活動する、ハンディキャップを持つ方とボランティアの会です。視聴覚障害者、肢体不自由な方々に仏法真理を学んでいただくための、さまざまなサポートをしています。

公式サイト **www.helen-hs.net**

入会のご案内

幸福の科学では、大川隆法総裁が説く仏法真理《ぶっぽうしんり》をもとに、「どうすれば幸福になれるのか、また、他の人を幸福にできるのか」を学び、実践しています。

入会

仏法真理を学んでみたい方へ

大川隆法総裁の教えを信じ、学ぼうとする方なら、どなたでも入会できます。入会された方には、『入会版「正心法語《しょうしんほうご》」』が授与されます。

ネット入会 入会ご希望の方はネットからも入会できます。

happy-science.jp/joinus

三帰《さんき》誓願《せいがん》

信仰をさらに深めたい方へ

仏弟子としてさらに信仰を深めたい方は、仏《ぶっ》・法《ぽう》・僧《そう》の三宝《さんぼう》への帰依を誓う「三帰誓願式」を受けることができます。三帰誓願者には、『仏説・正心法語』『祈願文《きがんもん》①』『祈願文②』『エル・カンターレへの祈り』が授与されます。

幸福の科学 サービスセンター
TEL 03-5793-1727
受付時間／火～金：10～20時 土・日祝：10～18時（月曜を除く）

幸福の科学 公式サイト
happy-science.jp

ハッピー・サイエンス・ユニバーシティ

Happy Science University

ハッピー・サイエンス・ユニバーシティとは

ハッピー・サイエンス・ユニバーシティ（HSU）は、大川隆法総裁が設立された「現代の松下村塾」であり、「日本発の本格私学」です。建学の精神として「幸福の探究と新文明の創造」を掲げ、チャレンジ精神にあふれ、新時代を切り拓く人材の輩出を目指します。

人間幸福学部　経営成功学部　未来産業学部

HSU長生キャンパス TEL **0475-32-7770**

〒299-4325　千葉県長生郡長生村一松丙 4427-1

未来創造学部

HSU未来創造・東京キャンパス

TEL **03-3699-7707**

〒136-0076　東京都江東区南砂2-6-5　公式サイト **happy-science.university**

学校法人 幸福の科学学園

学校法人 幸福の科学学園は、幸福の科学の教育理念のもとにつくられた教育機関です。人間にとって最も大切な宗教教育の導入を通じて精神性を高めながら、ユートピア建設に貢献する人材輩出を目指しています。

幸福の科学学園

中学校・高等学校（那須本校）

2010年4月開校・栃木県那須郡（男女共学・全寮制）

TEL **0287-75-7777** 公式サイト **happy-science.ac.jp**

関西中学校・高等学校（関西校）

2013年4月開校・滋賀県大津市（男女共学・寮及び通学）

TEL **077-573-7774** 公式サイト **kansai.happy-science.ac.jp**

仏法真理塾「サクセスNo.1」

全国に本校・拠点・支部校を展開する、幸福の科学による信仰教育の機関です。小学生・中学生・高校生を対象に、信仰教育・徳育にウエイトを置きつつ、将来、社会人として活躍するための学力養成にも力を注いでいます。

TEL 03-5750-0751（東京本校）

エンゼルプランV　TEL 03-5750-0757

幼少時からの心の教育を大切にして、信仰をベースにした幼児教育を行っています。

不登校児支援スクール「ネバー・マインド」　TEL 03-5750-1741

心の面からのアプローチを重視して、不登校の子供たちを支援しています。

ユー・アー・エンゼル！（あなたは天使！）運動

一般社団法人 ユー・アー・エンゼル　TEL 03-6426-7797

障害児の不安や悩みに取り組み、ご両親を励まし、勇気づける、
障害児支援のボランティア運動を展開しています。

NPO活動支援

学校からのいじめ追放を目指し、さまざまな社会提言をしています。また、各地でのシンポジウムや学校への啓発ポスター掲示等に取り組む一般財団法人「いじめから子供を守ろうネットワーク」を支援しています。

公式サイト mamoro.org　ブログ blog.mamoro.org

相談窓口 TEL.03-5544-8989

百歳まで生きる会

「百歳まで生きる会」は、生涯現役人生を掲げ、友達づくり、生きがいづくりをめざしている幸福の科学のシニア信者の集まりです。

シニア・プラン21

生涯反省で人生を再生・新生し、希望に満ちた生涯現役人生を生きる仏法真理道場です。定期的に開催される研修には、年齢を問わず、多くの方が参加しています。
全世界212カ所（国内197カ所、海外15カ所）で開校中。

【東京校】TEL 03-6384-0778　FAX 03-6384-0779
メール senior-plan@kofuku-no-kagaku.or.jp

幸福実現党

内憂外患《ないゆうがいかん》の国難に立ち向かうべく、2009年5月に幸福実現党を立党しました。創立者である大川隆法党総裁の精神的指導のもと、宗教だけでは解決できない問題に取り組み、幸福を具体化するための力になっています。

幸福実現党 釈量子サイト **shaku-ryoko.net**
Twitter **釈量子@shakuryoko**で検索

党の機関紙
「幸福実現NEWS」

幸福実現党 党員募集中

あなたも幸福を実現する政治に参画しませんか。

○幸福実現党の理念と綱領、政策に賛同する18歳以上の方なら、どなたでも参加いただけます。
○党費:正党員(年額5千円[学生 年額2千円])、特別党員(年額10万円以上)、家族党員(年額2千円)
○党員資格は党費を入金された日から1年間です。
○正党員、特別党員の皆様には機関紙「幸福実現NEWS(党員版)」(不定期発行)が送付されます。

＊申込書は、下記、幸福実現党公式サイトでダウンロードできます。
住所:〒107-0052 東京都港区赤坂2-10-8 6階 幸福実現党本部
TEL **03-6441-0754** FAX **03-6441-0764**
公式サイト **hr-party.jp**

幸福の科学出版

大川隆法総裁の仏法真理の書を中心に、ビジネス、自己啓発、小説など、さまざまなジャンルの書籍・雑誌を出版しています。他にも、映画事業、文学・学術発展のための振興事業、テレビ・ラジオ番組の提供など、幸福の科学文化を広げる事業を行っています。

アー・ユー・ハッピー？
are-you-happy.com

ザ・リバティ
the-liberty.com

幸福の科学出版
TEL **03-5573-7700**
公式サイト **irhpress.co.jp**

THE FACT

ザ・ファクト
マスコミが報道しない
「事実」を世界に伝える
ネット・オピニオン番組

ザ・ファクト　検索

NEW STAR PRODUCTION

ニュースター・プロダクション

「新時代の美」を創造する芸能プロダクションです。多くの方々に良き感化を与えられるような魅力あふれるタレントを世に送り出すべく、日々、活動しています。 公式サイト **newstarpro.co.jp**

ARI Production

ARI《アリ》 Production《プロダクション》

タレント一人ひとりの個性や魅力を引き出し、「新時代を創造するエンターテインメント」をコンセプトに、世の中に精神的価値のある作品を提供していく芸能プロダクションです。 公式サイト **aripro.co.jp**

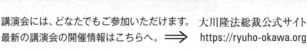

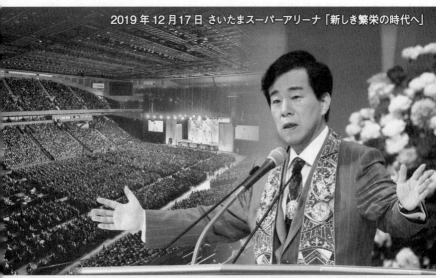

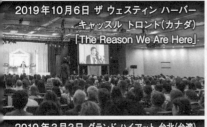

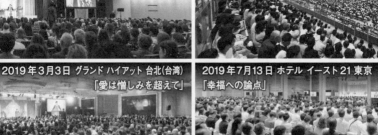

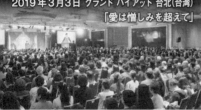